21世纪应用型本科规划教材

资产评估

实验与实训教程

Zichan Pinggu Shiyan Yu Shixun Jiaocheng

唐振达　李保婵　主　编
苏　艺　陈　竞　黄巍菁　苏文蓉　副主编

东北财经大学出版社
Dongbei University of Finance & Economics Press
大连

图书在版编目（CIP）数据

资产评估实验与实训教程 / 唐振达，李保婵主编. —大连：东北财经大学出版社，2017.12

（21世纪应用型本科规划教材）

ISBN 978-7-5654-3026-8

Ⅰ. 资… Ⅱ. ①唐… ②李… Ⅲ. 资产评估-高等教育-教材 Ⅳ. F20

中国版本图书馆CIP数据核字（2017）第318597号

东北财经大学出版社出版

（大连市黑石礁尖山街217号 邮政编码 116025）

网 址：http：//www.dufep.cn

读者信箱：dufep@dufe.edu.cn

大连雪莲彩印有限公司印刷 东北财经大学出版社发行

幅面尺寸：185mm×260mm 字数：184千字 印张：9

2017年12月第1版 2017年12月第1次印刷

责任编辑：孙晓梅 责任校对：贺 欣

封面设计：冀贵收 版式设计：钟福建

定价：28.00元

教学支持 售后服务 联系电话：（0411）84710309

如有印装质量问题，请联系营销部：（0411）84710711

前 言

为提高学生对资产评估项目的认识和操作技能，我们组织编写了《资产评估实验与实训教程》。本书提供五个实验和两个实训项目，供高等学校资产评估专业学生在仿真评估业务环境中进行资产评估项目实验和实训。实验项目涵盖了流动资产评估和非流动资产评估，包括存货项目评估、机器设备评估、商标使用权评估、土地使用权评估和房屋建筑物评估。实训项目包括财政资金绩效跟踪评价和评价实务案例及实训要求。书中既有评估案例数据，又有评估操作指引，部分关键环节还提供了实验结果，供学生对照，以便达到“学中做、做中学”无师自通的教学效果。本书各部分的参考答案详见各实验、实训最后的二维码，教师可登录东北财经大学出版社网站（www.dufep.cn）下载，

本书实验项目设计与编写工作由李保婵、苏艺、陈竞、黄巍菁、苏文蓉老师负责，唐振达老师负责实训项目编写并对本书进行了总纂。本书出版得到了广西财经学院会计与审计学院李春友院长、广西资产评估协会王保利会长的大力支持，在此对他们给予的支持和帮助表示衷心的感谢!

本书是2017年度广西高等教育教学改革工程一般A类项目“资产评估学创新创业教育质量评价体系和监测研究”（2017JGA290）和一般B类项目“应用型大学资产评估专业一体化教学案例研究与实践”（2017JGB379）教改课题的重要成果之一。本书既可以作为应用型本科资产评估专业和高职资产评估与管理专业相关课程的教材，亦可用于应用型本科和高职会计学、财务管理和财政金融等专业资产评估学课程。

由于时间有限、学识欠缺，书中难免存在缺陷与不足之处，敬请各位读者批评指正，以便在日后修订中完善。

编 者

2017年12月

目 录

实验一 ××厂抵押存货用于银行贷款评估项目

一、实验目的

通过本项目实验，达到掌握流动资产——存货评估基本方法和应用技巧的目的。

二、实验项目

××厂成立于2010年，总投资达800多万元，地处××市A城区，占地面积8 000余平方米。该厂生产设备先进，拥有两条面粉生产线，年产各种面粉、玉米粉、玉米糁30万吨，产品主要销售市场在华南地区及西南地区。

为了扩大生产规模，该厂要引进一条技术领先的生产线，拟以其所拥有的库存原材料和产成品作为抵押物，向ABC银行申请贷款，特委托××资产评估咨询有限公司对该厂的抵押物进行价值评估，为该厂的抵押贷款行为提供价值参考。

三、实验资料

（一）存货情况

××厂的存货于评估基准日2016年12月31日账面余额为14 242 574.07元，存货跌价准备为256 705.00元，账面净值为13 985 869.07元，评估盘点日为2017年1月15日至1月25日，见表1-1。

表1-1　　**存货评估申报表**　　单位：元

名称	账面余额	存货跌价准备	账面价值
原材料	7 266 945.00	256 705.00	7 010 240.00
产成品	6 539 360.00	0.00	6 539 360.00
包装物	436 269.07	0.00	436 269.07
合　计	14 242 574.07	256 705.00	13 985 869.07
被评估单位填表人：何慧　　评估人员：邓巍　　填表日期：2017年1月15日			

该厂对存货核算采取实际成本法，没有外埠存货。该厂的原材料、产成品、包装物等存货采购发票、入库单及库存明细账等资料齐全，实物存放于仓库内，属于正常销售商品。

（二）产成品相关资料

该厂的产成品包括高筋面粉、中筋面粉、低筋面粉和玉米粉，产成品保管情况和质量均良好。近年来此类产品的市场价格平稳，交易活跃，可用市场法对产成品进行评估。近半年来，高筋面粉的市场均价为3 600.00元/吨，中筋面粉的市场均价为4 160.00元/吨，低筋面粉的市场均价为4 400.00元/吨，玉米粉的市场均价为3 549.78元/吨。根据历史资料可知，该厂的产成品在销售过程中的销售费用率为7.5%，销售税费率为0.5%，其他资料详见表1-2和表1-3。

表1-2 **产成品明细表**

名称	单位成本（元/吨）
高筋面粉	2 760.00
中筋面粉	3 200.00
低筋面粉	3 400.00
玉米粉	2 700.00

表1-3 **产成品盘点情况表**

品种	计量单位	评估基准日账面数量	基准日至盘点日		盘点日实存数量
			出库数量	入库数量	
高筋面粉	吨	620.00	80.00	100.00	640.00
中筋面粉	吨	680.00	120.00	70.00	628.00
低筋面粉	吨	700.00	110.00	90.00	680.00
玉米粉	吨	100.80	80.00	75.00	95.80
合 计					
盘点人：兰玫 李佳			监盘人：邓巍		

（三）原材料相关资料

该厂生产使用的原材料包括小麦、玉米、面粉品质改良剂。小麦和玉米周转快，价格波动不大，可按近期采购价进行评估。根据采购记录可知，最近购进的一批小麦包含运杂费用的入账单价为2 640元/吨，最近购进的一批玉米的入账单价为1 706元/吨。经清查盘点可知：小麦、玉米保管情况和质量正常，有部分改良剂积压时间为一年以上，出现不同程度的毁损，尚可使用的部分约占60%，其他资料详见表1-4、表1-5和表1-6。

表1-4　**原材料计提跌价准备表**　单位：元/吨

名称	单位账面价值	单位计提的存货跌价准备
小麦	2 400.00	0
玉米	1 650.00	50.00
面粉改良剂	30 000.00	2 000.00

表1-5　**原材料询价表**　单位：元/吨

名称	询价时间	被询价单位名称	询价方式	询价结果
面粉改良剂	2017.01.18	南宁庞博生物工程有限公司	电询	40 000.00
	2017.01.18	南宁华安食品添加剂有限公司	电询	34 000.00
	2017.01.19	南宁景昌化工产品有限公司	电询	38 000.00

表1-6　**原材料盘点情况表**

品名	单位	基准日至盘点日		基准日	盘点日
		出库数量	入库数量	账面数量	实存数量
小麦	吨	12	20	1 100.20	1 108.00
玉米	吨	5	10	862.10	867.10
面粉改良剂	吨	1	0	106.80	105.80
合　计				2 069.10	2 078.90
盘点人：兰玫 李佳			监盘人：邓巍		

（四）包装物相关资料

根据该厂的包装物明细账和清查记录表，包装物主要包括包装产品的各种编织袋和薄膜袋，由于包装物周转快，其价格变动不大，其他资料详见表1-7。

表1-7　**包装物清查记录表**

名称	账面数量（个）	账面单位成本（元/个）	账面价值（元）
编织袋	106 363	3.00	319 089.00
薄膜袋	131 663	0.89	117 180.07
合　计			436 269.07

四、实验方法

（一）材料评估

评估人员对材料进行评估时，可以根据材料的购进情况，选择相应的技术方法。

1.近期购进的库存材料的评估

该厂近期购进的材料，由于库存时间比较短，在市场价格变化不大的情况下，其账面值与现行市价基本接近，评估时可以采用市场法。对于购进时发生的运杂费的处理，要分别不同情况。如果是从外地购进的原材料（本地没有这种材料），因运杂费发生额较大，评估时应将被评估材料分担的运杂费计入评估值；如果是从本市购进的，运杂费发生额较少，评估时则可以不考虑运杂费。

2.购进批次间隔时间长、价格变化大的库存材料的评估

对于购进批次间隔时间长、价格变化大的库存材料，评估时可以采用最接近市场价格的材料价格或直接以市场价格作为其评估值。

3.购置时间早、市场已经脱销、没有准确市场现价的库存材料的评估

对购置时间早、市场已经脱销、没有准确市场现价的库存材料的评估，可以通过寻找替代品的价格变动资料来修正材料价格；也可以在市场供需分析的基础上，确定该项材料的供需关系，并以此修正材料价格；还可以通过市场同类商品的平均物价指数进行评估。

4.超储积压物资的评估

对于超储积压物资，由于其长期积压，储存时间较长，可能会因为自然力的作用和保管不善而造成使用价值下降，首先应对其数量和质量进行核实和鉴定，然后区别不同情况进行评估。评估时，对其中失效、变质、残损、报废、无用的部分，应通过分析计算，扣除相应的贬值额，然后确定评估值。

另外，根据会计账面反映的库存材料，还有盘盈、盘亏材料，应以有无实物存在为原则进行评估，评估的技术方法与其他材料评估相同。

（二）在产品评估

在产品包括制作过程中的在产品、已加工完成入库但不能单独对外销售的半成品（可直接对外销售的自制半成品视同产品评估，在此不做介绍）。评估人员在对在产品进行评估时，应结合其特点，按照重置时的合理费用进行估价。具体技术方法有以下两种：

1.成本法

这种技术方法是根据技术鉴定和质量检测的结果，按评估时的相关市场价格及费用水平，重置同等级在产品及自制半成品所需投入合理的料工费计算评估值。这种技术方法只适用于生产周期在半年以上或一年以上，仍需继续生产、销售并且营利的在产品的评估。对于生产周期短的在产品，主要以其发生成本为计价依据。在没有变现风险的情况下，可根据其账面值进行调整。具体技术方法有以下几种：

（1）按价格变动系数调整原成本

对生产经营正常、会计核算水平较高的企业在产品的评估，可参照实际发生的原始成本，并根据原始成本从发生到评估日的市场价格变动情况，调整成重置成本。评估过程如下：

①对被评估在产品进行技术鉴定，将其中超出正常范围的不合格在产品成本从总成本中剔除；

②分析原成本，将非正常的不合理费用从总成本中剔除；

③分析原成本中材料从其生产准备开始到评估日止市场价格的变动情况，并测算出价格变动系数；

④分析原成本中的工资薪酬、燃料、动力等制造费用从开始生产到评估日有无大的变动，是否作了调整，并测算出调整系数；

⑤根据技术鉴定、原始成本分析及价格变动系数的测算，调整成本，确定评估值，必要时还要从变现的角度修正评估值。

基本计算公式如下：

$$\text{某项在产品、自制半成品评估值}=\text{原合理材料成本}\times(1+\text{价格变动系数})+\text{原合理工资薪酬、费用}\times(1+\text{合理工资薪酬、费用变动系数})$$

需要说明的是，在产品成本包括材料、工资薪酬和其他费用三部分。其他费用属于间接费用；工资薪酬尽管是直接费用，但也同间接费用一样较难测算。因此，评估时将工资薪酬和其他费用合为一项处理。

（2）按社会平均工艺定额和现行市价计算评估值

按社会平均工艺定额和现行市价计算评估值，即按重置同类资产的社会平均成本确定被评估资产的价格。用这种技术方法对在产品进行评估需要掌握以下资料：

①被评估在产品的完工程度；

②被评估在产品有关工序的工艺定额；

③被评估在产品耗用物料的近期市场购买价格；

④被评估在产品的合理工时费率（该数据要采用正常情况下生产经营的工时费率）。

在产品计算评估值的基本公式如下：

$$\text{某在产品评估值}=\text{在产品实有数量}\times(\text{该工序单件材料工艺定额}\times\text{单位材料现行市价}+\text{该工序单件工时定额}\times\text{正常工资薪酬、费用})$$

对于工艺定额的选取，如果有平均物料消耗的行业标准，可按行业标准计算；没有行业标准的，按企业现行的工艺定额计算。

（3）按在产品的完工程度计算评估值

因为在产品的最高形式为产成品，因此，计算、确定在产品评估值时，可以在计算产成品重置成本的基础上，按在产品完工程度计算、确定在产品评估值。计算公式为：

在产品评估值=产成品重置成本×在产品约当量

或：

在产品评估值=产成品重置成本×在产品完工率

在产品约当量、完工率可以根据其完成工序占全部工序的比例、完成时间与生产周期的比例确定。当然，确定时应分析完成工序、完成时间与其成本耗费的关系。

2.市场法

采用这种技术方法，就是以同类在产品和半成品的市价为基础，扣除销售过程中预计发生的费用后，确定评估值。这种技术方法适用于因产品下马，在产品和自制半成品只能按评估时的状态向市场出售的情况。一般来说，被评估资产的通用性好，尚能用于产品配件更换或维修，评估值就比较高。对不能继续生产又无法通过市场调剂出去的专用配件，只能按废料回收价格进行评估。

计算在产品评估值的基本公式如下：

(1) $\text{某在产品评估值}=\text{该在产品实有数量}\times\text{可接受的不含税的单位市场价格}-\text{预计销售过程中发生的费用}$

如果在调剂过程中有一定的变现风险，还要考虑设立一个风险调整系数，计算可变现的评估值。

(2) 某报废在产品评估值=可回收废料的重量×单位重量现行回收价格

(三) 产成品评估

1.成本法

评估人员采用成本法对生产及加工工业的产成品进行评估，主要根据生产、制造该项产成品全过程中发生的成本费用确定评估值，具体可分以下两种情况：

(1) 当评估基准日与产成品完工时间较接近、成本升降变化不大时，可以直接按产成品账面成本确定其评估值。计算公式为：

产成品评估值=产成品数量×单位产成品账面成本

(2) 当评估基准日与产成品完工时间相距较远、制造产成品的成本费用变化较大时，产成品评估值可按下列公式计算：

① $\text{产成品评估值}=\text{产成品实有数量}\times(\text{合理材料工艺定额}\times\text{材料单位现行价格}+\text{合理工时定额}\times\text{单位小时合理工时工资、费用})$

② $\text{产成品评估值}=\text{产成品实际成本}\times(\text{材料成本比例}\times\text{材料综合调整系数}+\text{工资薪酬、费用成本比例}\times\text{工资薪酬、费用综合调整系数})$

2.市场法

这种技术方法就是按不含价外税的可接受市场价格，扣除相关费用后计算被评估产成品的评估值。其中，工业企业的产品以卖出价为依据，商业企业的产品一般以买进价为依据。

应用市场法评估产成品，在选择市场价格时应注意以下几个因素：

(1) 产成品的使用价值。根据对产成品本身的技术水平和内在质量的鉴定，确定产成品是否具有使用价值以及产品的实际等级，以便选择合理的市场价格。

(2) 分析市场供求关系和被评估产成品的市场前景。

(3) 所选择的价格应是在公开市场上形成的近期交易价格。非正常交易价格不能作为评估依据。

（4）对于技术水平先进但外表存在不同程度残缺的产成品，可根据其损坏程度，通过调整系数予以调整。采用市场法评估产成品时，现行市价中包含成本、税金和利润因素，如何处理待实现的利润和税金就成为一个不可忽视的问题。对此，评估界有不同的看法。一种意见认为，用市场法来评估的产成品价格，应以扣除流转税、所得税和相应的销售费用后的余额作为评估价格；另一种意见认为，只应扣除流转税和相应的销售费用，不应扣除所得税；还有一种意见认为，只应扣除销售费用，不必扣除各种税。本书的观点是，应以扣除流转税、所得税和相应的销售费用后的余额作为评估价格。

五、实验要求

（一）编制该项目存货账账核对、账表核对记录表（详见表1-8）

表1-8　　账账核对、账表核对记录表　　单位：人民币元

会计科目	账账核对			账表核对		
	总账余额	明细账余额	是否相符	总账余额	报表余额	是否相符

（二）分项实验结果

1.产成品

（1）编制该项目存货盘点表（详见表1-9）

表1-9 **存货盘点表** 索引号：

被评估单位： 评估基准日： 年 月 日 金额单位：人民币元 页次：共 页第 页

品名	规格型号	计量单位	申报（基准日）数量	基准日至盘点日		盘点日		抽查盘盈（+）/亏（-）数量	品质状况					交叉索引号	备注
				出库数量	入库数量	应存数量	实存数量		正常	残次	毁损	滞销	非正常		
合计															

1.品质状况在相应的栏内打“√”。

2.披露及调整事项说明：

仓库保管： 企业会计： 评估人员： 复核人： 盘点日期：

填表说明：

存货盘点表中品质状况栏，根据各种不同情况分别在相应的栏中打“√”。

（2）计算该项目评估基准日产成品的单位价值

(3) 编制产成品清查评估明细表（详见表1-10）

表1-10 **产成品清查评估明细表**

被评估单位： 评估基准日： 年 月 日 金额单位：人民币元

序号	名称及规格型号	计量单位	账面价值			调整后账面值	实际数量	评估价值		增值率	备注
			数量	单价	金额			单价	金额		
合计											

被评估单位填表人： 评估人员： 填表日期：

备注：

（4）编制该项目产成品清查评估工作底稿（详见表1-11）

表1-11　　**产成品清查评估工作底稿**

<table>
<tr><td rowspan="2">被评估单位名称</td><td colspan="2" rowspan="2"></td><td>索引编号</td><td></td></tr>
<tr><td>评估基准日</td><td></td></tr>
<tr><td>评估人员</td><td colspan="2"></td><td>清查日期</td><td></td></tr>
<tr><td>审核人员</td><td></td><td>评估方法</td><td colspan="2"></td></tr>
<tr><td colspan="2">项　目</td><td>金　额</td><td colspan="2">备　注</td></tr>
<tr><td colspan="2">明细账账面数</td><td></td><td colspan="2"></td></tr>
<tr><td colspan="2">盘点核实数</td><td></td><td colspan="2" rowspan="10">产成品是否存在发出商品不做账的情况（如要求企业对发出商品单独申报，并列出购货方的名称、发出商品数量、销售单价、发出时间），发出商品是否存在呆账、坏账、涉及诉讼等事项</td></tr>
<tr><td colspan="2">总账账面数</td><td></td></tr>
<tr><td colspan="2">报表账面数</td><td></td></tr>
<tr><td colspan="3">调整项（包括调整数与分录）：</td></tr>
<tr><td colspan="2">加：盘溢</td><td></td></tr>
<tr><td colspan="2">减：盘亏</td><td></td></tr>
<tr><td colspan="2">评估基准日清查调整数值</td><td></td></tr>
<tr><td colspan="2">调整后账面值</td><td></td></tr>
<tr><td colspan="2">评估基准日评估值</td><td></td></tr>
</table>

附件材料：盘点表；企业近期产品销售明细资料、供货合同、发票；大额、逾期发出商品询证函；企业关于盘盈、盘亏资产，不良资产的说明；其他资料。

2. 原材料

（1）编制该项目原材料盘点表（详见表1-12）

表1-12

原材料盘点表

索引号：

被评估单位：　　　评估基准日：　　年　月　日　　　金额单位：人民币元　页次：共　页第　页

品名	规格型号	计量单位	申报（基准日）数量	基准日至盘点日		盘点日		抽查盘盈（+）/亏（-）数量	品质状况					交叉索引号	备注
				出库数量	入库数量	应存数量	实存数量		正常	残次	毁损	滞销	非正常		

1. 品质状况在相应的栏内打“√”。
2. 披露及调整事项说明：

仓库保管：　　企业会计：　　评估人员：　　复核人：　　盘点日期：　　年　月　日

填表说明：

原材料盘点表中品质状况栏，根据各种不同情况分别在相应的栏中打“√”。

（2）确定该项目原材料评估基准日单价

（3）编制该项目原材料清查评估明细表（详见表1-13）

表1-13 **原材料清查评估明细表**

被评估单位： 评估基准日： 年 月 日 金额单位：人民币元 页次：共 页 第 页

序号	名称及规格型号	计量单位	账面价值			调整后账面值	实际数量	评估价值		增值率	备注
			数量	单价	金额			单价	金额		
合计											

被评估单位填表人： 评估人员： 填表日期：

（4）编制该项目原材料清查评估工作底稿（详见表1-14）

表1-14　**原材料清查评估工作底稿**

<table>
<tr><td rowspan="2">被评估单位名称</td><td colspan="2" rowspan="2"></td><td>索引编号</td><td></td></tr>
<tr><td>评估基准日</td><td></td></tr>
<tr><td>评估人员</td><td colspan="2"></td><td>清查日期</td><td></td></tr>
<tr><td>审核人员</td><td></td><td>评估方法</td><td colspan="2"></td></tr>
<tr><td colspan="2">项　目</td><td>金　额</td><td colspan="2">备　注</td></tr>
<tr><td colspan="2">明细账账面数</td><td></td><td colspan="2" rowspan="11"></td></tr>
<tr><td colspan="2">材料成本差异</td><td></td></tr>
<tr><td colspan="2">盘点核实数</td><td></td></tr>
<tr><td colspan="2">总账账面数</td><td></td></tr>
<tr><td colspan="2">报表账面数</td><td></td></tr>
<tr><td colspan="3">调整项（包括会计师及评估师的调整数与分录）：</td></tr>
<tr><td colspan="2">加：盘溢</td><td></td></tr>
<tr><td colspan="2">减：盘亏</td><td></td></tr>
<tr><td colspan="2">评估基准日清查调整数值</td><td></td></tr>
<tr><td colspan="2">调整后账面值</td><td></td></tr>
<tr><td colspan="2">评估基准日评估值</td><td></td></tr>
</table>

附件材料：盘点表；大宗材料及进口材料购货合同、发票；委托加工材料合同或受托方的询证函；企业关于盘盈、盘亏资产，不良资产的说明；其他资料。

3.包装物

（1）编制该项目包装物清查明细表（详见表1-15）

表1-15 **包装物清查评估明细表**

评估基准日： 年 月 日

被评估单位： 金额单位：人民币元

序号	名称及规格型号	计量单位	账面价值			调整后账面值	实际数量	评估价值		增值率	备注
			数量	单价	金额			单价	金额		
合计											

被评估单位填表人： 评估人员： 填表日期：

（2）编制该项目包装物清查评估工作底稿（详见表1-16）

表1-16 **包装物清查评估工作底稿**

<table>
<tr><td rowspan="2">被评估单位名称</td><td colspan="2" rowspan="2"></td><td>索引编号</td><td></td></tr>
<tr><td>评估基准日</td><td></td></tr>
<tr><td>评估人员</td><td colspan="2"></td><td>清查日期</td><td></td></tr>
<tr><td>审核人员</td><td></td><td>评估方法</td><td colspan="2"></td></tr>
<tr><td colspan="2">项 目</td><td>金 额</td><td colspan="2">备 注</td></tr>
<tr><td colspan="2">明细账账面数</td><td></td><td colspan="2" rowspan="11"></td></tr>
<tr><td colspan="2">材料成本差异</td><td></td></tr>
<tr><td colspan="2">盘点核实数</td><td></td></tr>
<tr><td colspan="2">总账账面数</td><td></td></tr>
<tr><td colspan="2">报表账面数</td><td></td></tr>
<tr><td colspan="3">调整项（包括会计师及评估师的调整数与分录）：</td></tr>
<tr><td colspan="2">加：盘溢</td><td></td></tr>
<tr><td colspan="2">减：盘亏</td><td></td></tr>
<tr><td colspan="2">评估基准日清查调整数值</td><td></td></tr>
<tr><td colspan="2">调整后账面值</td><td></td></tr>
<tr><td colspan="2">评估基准日评估值</td><td></td></tr>
</table>

附件材料：盘点表；大宗材料及进口材料购货合同、发票；委托加工材料合同或受托方的询证函；企业关于盘盈、盘亏资产，不良资产的说明；其他资料。

（三）编制该项目存货清查评估汇总表（详见表1-17）

表1-17 **存货清查评估汇总表**

评估基准日： 年 月 日

被评估单位： 金额单位：人民币元

编号	科目名称	账面价值	调整后账面值	评估价值	增值额	增值率

被评估单位填表人： 评估人员： 填表日期：

(四)编制该项目存货评估复核表(详见表1-18)

表1-18 存货评估复核表 索引号:

被评估单位		评估基准日	
评估人员		现场工作日期	
操作步骤与要求		是	不适用
1.获取存货申报表，与明细账、总账、报表进行核对			
2.了解分析存货的构成、分布和企业内部控制管理制度，各类存货的核算方法。并抽查有关存货出入库记录，做好相应清查记录			
3.对错账、漏账、影响净资产的未达账项、贷方余额等项目进行分析，并复印有关资料			
4.获取并检查被评估单位评估基准日或最近一次存货盘点记录，评价盘点的可信度			
5.抽查盘点重点存货，填写盘点表。盘点结果如有差异，必要时加大盘点比例或全面盘点。存放方式特殊的或存放在异地的，采取其他程序确定存货的存在性			
6.对盘盈、盘亏的存货，查明原因并作记录			
7.关注有无代他人保存和来料加工的存货，有无未作账务处理而置于异地的存货			
8.对失效、变质等待核销报废的存货，应要求企业首先做出相应处理与说明			
9.对正常外购存货，实施市场询价，计算其评估价值			
10选择适当的存货评估方法，分别评估			
11.对特殊行业存货，应聘请有关专家，进行咨询后确定评估值。对委托加工产品与受托加工产品、委托代销商品与受托代销商品，评估值的确定应当考虑结算方式的差异性			
12.核实其他需要说明的事项			
13.如有评估增减值，分析评估增减值的原因			
14.有无需要报告中特别说明的事项			

说明与备注:

复核人签名:

年 月 日

填表说明:

1.复核人员应检查评估人员是否履行了必要的评估步骤，如复核人提出追加程序，评估人员应按复核人员的要求补充评估步骤。

2.复核人员经复核确认后应当签字认可，并承担相应的责任。

（五）编制该项目存货评估说明

实验一 ××厂抵押存货用于银行贷款评估项目参考答案

实验二　A公司抵押机器贷款评估项目

一、实验目的

通过本项目实验，达到掌握机器设备评估基本方法和应用技巧的目的。

二、实验项目

2016年12月，A公司因资金短缺，拟以该公司的部分机器设备作为抵押物向银行申请长期贷款，银行需要该公司提供拟抵押的机器设备的评估报告。因此，A公司与××资产评估有限公司沟通，希望该资产评估有限公司接受委托，对该公司拟抵押的机器设备的价值进行评估。

名称：A公司

地址：××市××路××号

法定代表人姓名：××

注册资本：人民币伍佰万元

公司类型：有限责任公司

经营范围：片剂、硬胶囊剂、口服液（含中药前处理和提取）的生产销售

A公司占地面积约206亩，现有片剂、胶囊剂、颗粒剂、口服液、提取等多条新引进的先进生产流水线，以及全新建造的GMP（药品生产质量管理规范）标准生产厂房和办公大楼。该公司是一家集科研、生产、销售为一体的高新技术企业，是××市百亿投资工程重点企业。该公司现有员工500多人，工程技术人员占40%，其中博士8人、硕士20人，具有各种职称的中高级职员85人。该公司拥有国家专利品种、国家中药保护品种、全国医药保健品等新产品近十种，以全国独家生产的纯中药制剂“胆力丹参片”“宏大康胶囊”为龙头产品，又以“护肝宁片”“柴黄片”为销售亮点，实现了产品从质量优势、外包装到价格的市场体系定位。该公司以腾飞的姿态进行规范化、规模化、现代化、集团化经营管理，跻身于先进高新科技企业的前列。该公司于2004年11月26日通过了国家食品药品监督管理局的GMP认证，现已建成提取车间，口服液、固体颗粒制剂车间；剂型有片剂、胶囊剂、口服液、颗粒制剂等，每年产量片剂可达20亿片、胶囊可达10亿粒、口服液可达6 000万支、药材前处理可

达3 000吨。

三、实验资料

××资产评估有限公司派李明和程东两位评估人员去现场初步查看A公司拟抵押的机器设备实物，审查委托方及产权持有者的营业执照、部分委托评估机器设备的购置票据复印件。通过与该公司有关人员现场交流沟通，××资产评估有限公司初步了解了本次评估的目的、评估基准日、评估对象、评估范围和评估时间要求等基本事项，决定接受该项目委托。根据有关资产评估收费的文件，双方确定本项目评估费用为22 000元，评估基准日为2016年12月31日。

（一）拟抵押机器设备评估申报表

2017年1月20日，××资产评估有限公司成立项目评估小组，初步拟订该项目评估计划，组织评估小组进驻该公司进行现场调查，获取了该公司拟抵押机器设备评估申报表（详见表2-1）。

表2-1 **机器设备评估申报表** 单位：元

序号	设备名称	规格型号	生产厂家	单位	数量	购置日期	启用日期	账面价值	
								原值	净值
1	高效包衣机	JGB-300C/K2-1-014	温州健牌药业机械有限公司	台	1	2006.06	2006.06	280 000.00	86 353.91
2	高效包衣机	JGB-150C	温州健牌药业机械有限公司	台	1	2006.06	2006.06	190 000.00	56 954.47
3	JK1-JK3空气处理机组	JK1	中国京冶工程技术有限公司	套	1	2008.06	2008.06	2 358 524.50	935 523.97
4	恒温恒湿空调机组	HFJ14	广州恒星冷冻机械制造有限公司	套	1	2009.08	2009.08	120 000.00	59 511.64
5	冷却水循环管道	DMH-1	南宁市温翔机械设备有限公司	套	1	2009.01	2009.01	278 950.00	138 111.88
6	宏星水冷螺杆冷水机组	40STD-350WS2	中国京冶工程技术有限公司	套	1	2011.06	2011.06	130 000.00	81 924.82
7	臭氧发生器	F-30B	中国京冶工程技术有限公司	台	3	2014.07	2014.07	6 000.00	4 598.56
8	空压机组	GA30C-7.5	中国京冶工程技术有限公司	台	1	2008.04	2008.04	67 000.00	30 608.64
9	旋转式压片机（37冲压片机）	2P-37A/K2-1-008-1	上海天驰制药机械合作公司	台	2	2012.04	2012.04	146 000.00	136 313.63
10	平板式铝塑泡罩包装机	DPP250C	中国浙江希望机械有限公司	台	1	2013.06	2013.06	95 000.00	68 693.54

续表

序号	设备名称	规格型号	生产厂家	单位	数量	购置日期	启用日期	账面价值	
								原值	净值
11	高速铝塑包装机	DT240	浙江圣雷机械有限公司	台	1	2013.08	2013.08	82 000.00	66 738.59
12	高速泡罩包装机	DPH-220A	浙江明天机械有限公司	台	1	2006.06	2006.06	160 000.00	43 534.00
13	旋转式压片机（2P350型旋转式压片机）	FP008	聊城万合工业制造有限公司	台	1	2014.05	2014.05	78 000.00	69 055.74
14	颗粒机	YK-160/KZ-6-001	中国江苏泰兴苏中制药机械厂	台	1	2014.06	2014.06	10 000.00	8 348.81
15	混合机（槽型混合机）	CH-100	泰州市长江制药机械有限公司	台	2	2014.06	2014.06	17 000.00	14 742.12
16	旋转式压片机	CG-20.0	广西佳力柳变科技有限公司	台	4	2014.12	2014.12	1 096 000.00	833 133.49
17	压片机	SJN-2000	广西佳力柳变科技有限公司	台	2	2006.01	2006.01	124 000.00	41 244.59
18	4 t/h链条组装炉	DZL4-1.25-AI	梧州锅炉厂	套	1	2007.02	2007.02	349 500.00	113 864.35
19	超声波洗瓶机	CBX	上海天壑制药干燥设备有限公司	台	1	2007.01	2007.01	65 000.00	18 588.68
20	提取浓缩工段		凯喜特机械有限公司			2012.12	2012.12	1 158 500.00	827 500.00
20-1	正锥形热回流提取浓缩机组	TQW-3.0	凯喜特机械有限公司	台	1	2012.12	2012.12		
20-2	配醇罐	PZ-3.0	凯喜特机械有限公司	个	1	2012.12	2012.12		
20-3	醇储罐	CG-2.0	凯喜特机械有限公司	个	1	2012.12	2012.12		
20-4	正锥形多功能提取罐	TQ-A-6.0	凯喜特机械有限公司	个	1	2012.12	2012.12		
20-5	浓缩液储罐	CG-0.5	凯喜特机械有限公司	个	2	2012.12	2012.12		
20-6	酒精输送泵	3t/h	凯喜特机械有限公司	台	1	2012.12	2012.12		
20-7	稀酒精储罐	CG-3.0	凯喜特机械有限公司	个	1	2012.12	2012.12		
20-8	球形真空浓缩器	QW-1000	凯喜特机械有限公司	台	1	2012.12	2012.12		
20-9	过滤器	93QS-3.0C	凯喜特机械有限公司	台	2	2012.12	2012.12		
20-10	酒精回收塔	HT-400	凯喜特机械有限公司	台	1	2012.12	2012.12		
21	东风小康K07	1.2升经典款DK-01	东风渝安车辆有限公司	台	1	2009.12	2009.12	43 074.00	23 498.70
22	哈弗汽车	H6 2011款2.0L尊贵型	长城汽车股份有限公司	台	1	2012.12	2012.12	128 600.00	86 700.00
合计								6 983 148.50	3 745 544.13

根据委托方提供的机器设备评估申报表和评估人员现场勘察情况，评估机器设备为委托方于2004—2013年购买，主要是中成药生产、化验设备。据委托方介绍，机器设备年利用率较高，使用期间每个工段均有专人负责清洁和维修养护，故委托评估的机器设备维护保养情况较好，同时生产环境符合产品要求，机器设备可满足生产需求。

（二）机器设备详细信息

为方便学生查找资料，机器设备的详细信息按机器设备评估申报表的顺序编排。机器设备详细信息中涉及的市场价格全部假设为不含增值税的售价。

1.2006年6月A公司购回高效包衣机，型号为JGB-300C/K2-1-014，于当月开始使用。通过查询温州健牌药业机械有限公司，该型号已经更新升级为DG04F-600，升级后的DG04F-600售价为310 000元（含安装费和运杂费），增值税税率为17%。升级后的DG04F-600维修保养费和能源消耗费都有所下降，年维修保养费节约350元，年能源消耗费节约450元，预计该设备总使用寿命为14年，折现率为10%。

经评估人员现场勘察了解，考虑该机器设备的类型、使用和维修状况、完好率、故障率、利用率及工作环境、更新改造等因素对机器设备功能使用效率的影响及委托评估机器设备在经营过程中的作用等，参照各部位评分标准得出该机器设备综合观察法成新率，详见表2-2。

2.2006年6月A公司购回高效包衣机，型号为JGB-150C，于当月开始使用。通过查询温州健牌药业机械有限公司，该型号已经更新升级为DG06G-500，升级后的DG06G-500售价为210 000元（含安装费和运杂费），增值税税率为17%。升级后的DG06G-500维修保养费和能源消耗费都有所下降，年维修保养费节约300元，年能源消耗费节约400元，预计该设备总使用寿命为14年，折现率为10%。评估人员实地盘点，观察法成新率为30%。

3.2008年6月A公司委托建造JK1-JK3空气处理机组1套，当月完工投入使用。该设备预期使用年限为16年，2007年A公司支付给中国京冶工程技术有限公司的价款为2 358 524.5元。

2007年6月的定基物价指数为103.52%，2015年12月31日的定基物价指数为98.6%。据评估人员向厂家咨询，由于新技术的使用，重新建造1套JK1-JK3空气处理机组可以节约30 000元。评估人员实地盘点，观察法成新率为42%。

4.2009年8月A公司委托建造恒温恒湿空调机组1套，当月完工投入使用，型号为HFJ14。该设备预期使用年限为16年，2008年A公司支付给广州恒星冷冻机械制造有限公司的价款为120 000元。

2009年8月的定基物价指数为102.6%，2016年12月31日的定基物价指数为98.6%。据评估人员向厂家咨询，由于新技术的使用，重新建造1套HFJ14恒温恒湿空调机组可以节约10 000元。评估人员实地盘点，观察法成新率为60%。

表2-2　　**机器设备现场勘查记录一览表**

项目名称	评估检测内容	评估方法	实际测评记录	权重（%）	成新率（%）
设备外观	1.外观整洁，机件完整，表机涂层剥落、无破损	现场观察	外观基本整洁，主要机件完整	25	32
	2.外观基本整洁，主要机件完整，工作面涂层部分剥落，但不影响安全生产				
	3.外观较陈旧，部分辅件不全，表面涂层剥落较多				
	4.外观陈旧，防护罩壳及辅件不全，表面涂层大面积剥落				
设备性能	1.运转平稳，达到原设计能力，性能良好，安全可靠，使用率达95%至85%	检测设备的工作性能，主辅件的磨损情况等	运转平稳，达到原设计能力，性能良好，安全可靠，使用率达87%	50	35
	2.运转基本平稳，性能正常，无不安全因素，使用率达85%至65%				
	3.运转基本不正常，性能下降，主辅件磨损较大，工作效率较低，故障较多，使用率达65%至50%				
	4.运转不正常，性能严重下降，主要部件损坏，故障多，经济效益不划算，使用率达50%以下				
定期维修	1.有健全的维修管理制度，设备定期进行大中小修理及检修，制定了试机计划并按计划实施，且有翔实的工作记录	了解委托方的使用保养情况	有健全的维修管理制度，在设备使用期间，每个工段均有专人负责设备清洁、维修养护	10	70
	2.无设备维修管理制度，但能做到一些日常保养或者重点检修，有工作记录				
	3.无设备维修管理制度，出现设备故障时才修理，无作业记录				
使用年限	1.使用年限为1~3年　4.使用年限为9~10年 2.使用年限为4~6年　5.使用年限为10年以上 3.使用年限为7~8年	了解使用年限	使用年限为10年	15	40

5.2009年1月A公司委托建造冷却水循环管道1套，当月完工投入使用，型号为DMH-1。该设备预期使用年限为16年，2009年A公司支付给南宁市温翔机械设备有限公司的价款为278 950元。

2009年1月的定基物价指数为103.3%，2016年12月31日的定基物价指数为98.6%。据评估人员向厂家咨询，由于新技术的使用，重新建造1套DMH-1冷却水循环管道可以节约15 000元。评估人员实地盘点，观察法成新率为55%。

6.2011年6月A公司委托建造40STD-350WS2宏星水冷螺杆冷水机组1套，当月完工投入使用。该设备预期使用年限为16年，2011年A公司支付中国京冶工程技术有限公司的价款为130 000元。

2011年6月的定基物价指数为92.2%，2016年12月31日的定基物价指数为98.6%。评估人员实地盘点，观察法成新率为70%。

7.2014年7月A公司购回臭氧发生器3台，型号为F-30B，于当月开始使用。通过查询中国京冶工程技术有限公司，该型号依然在出售，售价为2 000元（含安装费），每台运费为100元。预计该设备总使用寿命为10年，评估人员实地盘点，观察法成新率为80%。

8.2008年4月A公司委托建造空压机组1套，当月完工投入使用，型号为GA30C-7.5。该设备预期使用年限为18年，2008年A公司支付中国京冶工程技术有限公司的价款为67 000元。

2008年4月的定基物价指数为101.87%，2016年12月31日的定基物价指数为98.6%。评估人员实地盘点，观察法成新率为60%。

9.2012年4月A公司购回旋转式压片机（37冲压片机）2台，型号为2P-37A/K2-1-008-1，于当月开始使用。通过查询上海天驰制药机械合作公司，该型号依然在出售，售价为85 000元，安装费率为10%，运杂费率为5%。预计该设备总使用寿命为14年，评估人员实地盘点，观察法成新率为70%。

10.2013年6月A公司购回平板式铝塑泡罩包装机1台，型号为DPP250C，于当月开始使用。通过查询中国浙江希望机械有限公司，该型号依然在出售，售价为98 000元（含运费），安装费为300元。预计该设备总使用寿命为12年，评估人员实地盘点，观察法成新率为75%。

11.2013年8月A公司购回高速铝塑包装机1台，型号为DT240，于当月开始使用。通过查询浙江圣雷机械有限公司，该型号依然在出售，售价为85 000元（含运费），安装费为500元。预计该设备总使用寿命为12年，评估人员实地盘点，观察法成新率为76%。

12.2006年6月A公司购回高速泡罩包装机1台，型号为DPH-220A，并于当月投入使用。该设备预期使用年限为9年。至评估基准日，该设备已经超期使用，由于该类型包装机已经不再出售，评估人员调查了二手市场的价格。经询价，该设备二手交易价格分别为46 000元、45 500元、46 500元、46 800元。

13.2014年5月A公司购回2P350型旋转式压片机1台，型号为FP008，于当月开始使用。通过查询聊城万合工业制造有限公司，该型号依然在出售，售价为80 000元（含运费），安装费为1 000元。预计该设备总使用寿命为14年，评估人员实地盘点，观察法成新率为88%。

14.2014年6月A公司购回颗粒机1台，型号为YK-160/KZ-6-001，于当月开始使用。2014年A公司支付给中国江苏泰兴苏中制药机械厂的价款为10 000元。

2014年6月的定基物价指数为97.9%，2016年12月31日的定基物价指数为98.6%。预计该设备总使用寿命为14年，评估人员实地盘点，观察法成新率为89%。

15.2014年6月A公司购回槽型混合机2台，型号为CH-100，于当月开始使用。2014年A公司支付给泰州市长江制药机械有限公司的价款为每台8 500元。

2014年6月的定基物价指数为97.9%，2016年12月31日的定基物价指数为98.6%。预计该设备总使用寿命为14年，评估人员实地盘点，观察法成新率为88%。

16.2014年12月A公司购回旋转式压片机4台，型号为CG-20.0，于当月开始使用。通过查询广西佳力柳变科技有限公司，该型号依然在出售，售价为265 000元（含运费），安装费率为5%。预计该设备总使用寿命为10年，评估人员实地盘点，观察法成新率为76%。

17.2006年1月A公司购回压片机2台，并于当月投入使用，该设备预期使用年限为10年。至评估基准日，该设备已经超期使用，由于该类型压片机已经不再出售，评估人员调查了二手市场的价格。经询价，该设备二手交易价格分别为22 000元、21 500元、22 500元、21 800元。

18.2007年2月A公司委托梧州锅炉厂建造4t/h链条组装炉1套，评估人员咨询了梧州锅炉厂并通过设计图纸测算，按照现在的工艺建造1套4t/h链条组装炉，需要耗用主材——钢材25.2吨，外购配件需要12 500元。经查询得知，行业平均主材利用率为90%，成本主材费率为80%，成本利润率为10%，综合税金率为3.3%，设计费率为10%，安装费率为30%，基础费率为10%，试运行费为15 000元。评估基准日每吨钢材不含税单价为3 200元。该锅炉当月建成、试运行成功并投入使用，设计使用年限为20年，评估人员实地盘点，观察法成新率为54%。

19.2007年1月A公司购回超声波洗瓶机，型号为CBX，于当月开始使用。通过查询上海天鏊制药干燥设备有限公司，该型号已经更新升级为MEX，升级后的MEX售价为63 000元（含安装费和运杂费），增值税税率为17%。升级后的MEX能源消耗费有所下降，年能源消耗费节约500元。预计该设备总使用寿命为14年，折现率为10%。评估人员实地盘点，观察法成新率为35%。

20.2012年12月A公司委托凯喜特机械有限公司建造提取浓缩工段，该工段包含正锥形热回流提取浓缩机组、配醇罐、醇储罐、正锥形多功能提取罐、浓缩液储罐、酒精输送泵、稀酒精储罐、球形真空浓缩器、过滤器和酒精回收塔。评估人员认为该工段已投产四年多，已有四年多的现实收益数据，且该工段产品的市场较为成熟、稳定，未来收益数据估算较可信、可单独核算，因此可以采用收益法评估。

（1）收益期限。该工段已使用四年多，考虑到专用设备维护上的复杂性和使用强度及环境，经与该公司协商，估算正常使用条件下机械的使用年限约为14年。此外，由于该生产线的产品单一，经济寿命受到市场因素较大的限制，因此确定其总收益年限为10年。

（2）折现率。为确定折现率，评估人员通过对类似设备交易市场的调查，选取了三个参照物。结合这三个参照物的市场销售价格及年净现金流量情况，确定被评估设备的折现率，详见表2-3。

表2-3　**机器设备市场调查信息**

市场参照物	类似设备的使用寿命（年）	市场售价（元）	年净现金流量（元）
1	10	880 000.00	160 600.00
2	10	912 000.00	162 000.00
3	8	780 000.00	163 000.00

提示：由于上述三个市场参照物的使用寿命（即收益期）与评估对象是不同的，因此，不可以将三个市场参照物的投资回收系数做简单算术平均后作为评估对象的投资回收系数。通过插值计算，可以得到上述三个市场参照物的折现率，再计算三者的平均数，作为被评估机器设备的折现率。

（3）预期收益额。评估人员查阅了该公司前三年的财务报表，得到该工段近三年的财务数据，具体数据见表2-4。

表2-4　**A公司近三年的销售情况一览表**

时间	销售数量（件）	销售单价（元）	单位成本（元）
2014年	11 300	92.00	65.00
2015年	12 100	96.00	67.00
2016年	12 350	98.00	69.00

①主要产品销售数量预测。假设以被评估企业2014年、2015年、2016年的销售数量平均数作为预测基数，预测期在预测基数的基础上，前三年年递增1%作为当年的预测销量，后面的年份开始进入平稳发展阶段，预测销量保持不变。

②主要产品销售单价预测。假设以被评估企业2014年、2015年、2016年的销售单价平均数作为预测基数，考虑物价上涨因素，预测期的销售单价按前三年年递增1%作为当年预测销售单价，后面的年份开始进入平稳发展阶段，预测销售单价保持不变。

③主要产品单位成本预测。假设以被评估企业2014年、2015年、2016年的单位成本平均数作为预测基数，考虑生产资料价格指数上涨等原因，预测期的单位成本按前三年年递增1%作为当年预测单位成本，后面的年份开始进入平稳发展阶段，预测主要产品单位成本保持不变。

④与该生产线相关的税金及附加、期间费用、公允价值变动损益、投资收益、资产减值损失、营业外收支预测。为简化处理，假设该公司未来10年产品的税金及附加预测值占营业收入的0.6%，销售费用占营业收入的5%，管理费用占营业收入的5%，财务费用（全部为利息费用）占营业收入的1.5%，公允价值变动损益、投资收益、资产减值损失、营业外收支预测值均为0。

⑤所得税预测。假设该公司预测期所得税按利润总额的25%确定。

⑥资本性支出、折旧、利息费用和净营运资本增加额等项目预测。评估人员根据经验判断，该生产线在使用四年后需要更新部分主要设备，在2020年年末有资本性支出150 000元。

该生产线按直线法折旧，考虑到该生产线是在2012年12月启用的，每年计算折旧变动不大，按照每年会计折旧额作为预测值。

财务费用（全部为利息费用）占营业收入的1.5%。

为简化处理，不考虑净营运资本增加额。

21.2009年12月A公司购回东风小康K07，启用年月是2009年12月，车牌号为桂ADC×××，车辆颜色是灰色，已行驶里程是359 118千米。委托评估车辆技术参数见表2-5。

表2-5 委托评估车辆技术参数表

车辆类型	东风小康K07（2008年1.2升经典款DK-01）	车辆品牌	东风小康
车辆型号	DF5689MYJADFE	车身颜色	灰
车辆识别代号	WMHHDRFT7BA78945	国产/进口	国产
发动机号	78015030003563	发动机型号	DK12-01
燃料种类	汽油	排量/功率	1210mL /64kW
制造厂名称	东风渝安车辆有限公司	转向形式	方向盘
轮距	前轮距：1 360mm； 后轮距：1 360mm	轮胎数	4
轮胎规格	165/70 R14	驱动方式	中置后驱
轴距	2 760 mm	准乘人数	7
外廓尺寸	4 135mm×1 590mm×1 925mm	总质量	1 070kg
额定载重	2.99吨	使用性质	营运
车辆出厂日期	2009-11-01	转移登记日期	无

评估人员根据网上查询的价格并综合考虑市场情况，确定委托评估车辆的购置价为36 900人民币元/辆（含增值税）。购置税税率为10%，牌照手续费为300人民币元/辆。成新率采用里程成新率和观察成新率综合确定。该型号汽车规定限额里程为600 000千米。评估人员对该车进行了现场勘察，车辆外表整齐，没有严重划伤或磕碰，工作正常。根据现场勘察情况，观察成新率计算见表2-6。

表2-6 车辆现场观察成新率评分表

项目名称	达标程度	参考标准分	评分
整车（20分）	全新	20	12
	良好	15	
	较差	5	
车架（15分）	全新	15	12
	一般	7	
前后桥（15分）	全新	15	11
	一般	7	
发动机（30分）	全新	30	22
	轻度磨损	25	
	中度磨损	17	
	重度磨损	5	
变速箱（10分）	全新	10	6
	轻度磨损	8	
	中度磨损	6	
	重度磨损	2	
转向及制动系统（10分）	全新	10	6
	轻度磨损	8	
	中度磨损	5	
	重度磨损	2	
合 计		100	69

22. 2012年12月A公司购回哈弗汽车1辆，当月启用，款式为H6 2011款2.0L尊贵型，车牌号为桂ATY0××，已行驶里程128 565千米。

（1）委托评估车辆技术参数见表2-7。

表2-7 委托评估车辆技术参数表

车辆类型	哈弗H6 2011款2.0L 手动 两驱 尊贵型	车辆品牌	哈弗
车辆型号	CC6460KM621	车身颜色	黑
车辆识别代号	LGWFF3A576B000521	国产/进口	国产
发动机号	LHGCM566632042617	发动机型号	4G63S4M
燃料种类	汽油	排量/功率	1997L /98kW
制造厂名称	长城汽车股份有限公司	缸数	4
变速器形式	手动变速箱（MT）	轮胎数	4
轮胎规格	225/65 R17	排放标准	国Ⅳ（国Ⅴ）
轴距	2 680mm	准乘人数	5
外廓尺寸	4 640mm×1 825mm×1 690mm	总质量	1 520kg
额定载重	—	使用性质	营运
车辆出厂日期	2012-09-01	转移登记日期	无

（2）评估人员经过现场勘查，对评估车辆整体新旧程度情况打分见表2-8。

表2-8 车辆整体新旧程度情况打分表

项目名称	达标程度	参考标准分	评分
整车（20分）	全新	20	15
	良好	15	
	较差	5	
车架（15分）	全新	15	12
	一般	7	
前后桥（15分）	全新	15	13
	一般	7	
发动机（30分）	全新	30	25
	轻度磨损	25	
	中度磨损	17	
	重度磨损	5	
变速箱（10分）	全新	10	8
	轻度磨损	8	
	中度磨损	6	
	重度磨损	2	
转向及制动系统（10分）	全新	10	8
	轻度磨损	8	
	中度磨损	5	
	重度磨损	2	
合 计		100	81

评估人员根据经验判断，整车的成新率由使用年限法和观察法综合确定，该类型车设计行驶的总里程数为60万千米，使用年限法计算成新率的权重为50%，观察法计算成新率的权重为50%。

（3）评估人员经过现场勘查，对评估车辆整体性能情况打分见表2-9。

表2-9 **车辆整体性能情况打分表**

<table>
<tr><th>项目名称</th><th>分项指标</th><th>评分</th></tr>
<tr><td rowspan="3">动力性能（40分）</td><td>最高车速（15分）</td><td>13</td></tr>
<tr><td>最高爬坡度（10分）</td><td>8</td></tr>
<tr><td>加速性能（15分）</td><td>13</td></tr>
<tr><td colspan="2">汽车的燃料经济性（20分）</td><td>14</td></tr>
<tr><td colspan="2">制动性能（20分）</td><td>18</td></tr>
<tr><td colspan="2">排气污染（10分）</td><td>7</td></tr>
<tr><td colspan="2">汽车噪声（10分）</td><td>7</td></tr>
<tr><td colspan="2">合　计</td><td>80</td></tr>
</table>

（4）参照物的确定。评估人员对大型二手汽车交易市场进行调查，找到了三款车作为参照物，其型号均为哈弗H6 2011款。确定对比的因素分别是交易时间、新旧程度、行驶里程、车辆性能、付款方式、交易地区，资料见表2-10。

表2-10 **车辆参照物比较因素情况表**

参照物	参照物A	参照物B	参照物C
交易时间	2016.10	2016.06	2016.11
新旧程度（得分）	80	75	77
行驶里程（千米）	98 600	107 500	95 600
车辆性能（得分）	75	82	80
付款方式	一次性	一次性	分6个月支付
交易地区	南宁	南宁	南宁
售价（元）	87 500	88 100	98 800

注：①该系列新车的市场销售价格，平均每个月下降0.5%。

②分6个月支付的付款方式预计比一次性付款方式高10%。

四、实验方法

（一）成本法

成本法就是根据委托评估资产现状，以重置成本为基础，扣除实体性贬值、功能性贬值、经济性贬值，从而确定委托评估资产的评估价值的一种评估方法。重置成本是指重新购置全新相同功能资产达到使用状况所必须付出的成本，包括购买价、各种税费、运杂费和安装调试成本等，购买价以现行市价为基础。

1.重置成本的确定

（1）机器设备重置成本的构成（见表2-11）。

表2-11　**机器设备重置成本的构成**

直接成本	与每台机器设备直接对应，如机器设备本体的重置成本、运杂费、安装费、基础费及其他合理成本
间接成本	不能对应到每台机器设备上，如管理费用、设计费、工程监理费、保险费等
其他成本	资金占用发生资金成本、合理利润、税费

提示1：在进行属于一般纳税人企业的机器设备评估时，对于可以抵扣增值税的机器设备，在计算其重置成本时，应扣除机器设备的增值税税额。

提示2：根据概算定额的规定，计算机器设备的运杂费、安装费、基础费、资金成本等其他费用时，一般以机器设备本体包含增值税的价格作为计算基数。

（2）机器设备本体的重置成本。

机器设备本体的重置成本不包括运输、安装等费用。

通用机器设备本体的重置成本一般按照现行市场销售价格确定，也可以通过其他方法计算机器设备本体的重置成本。

自制机器设备本体的重置成本一般按照当前的价格标准计算建造成本。

①直接法。直接法就是根据市场交易数据直接确定机器设备本体重置成本的方法。这种方法能获得该机器设备在市场上的价格资料，对于大部分通用机器设备比较适合。

第一，市场询价。根据替代原则，在同等条件下，评估人员应该选择可能获得的最低售价。厂家的报价和实际成交价存在较大差异时，评估人员应该谨慎使用厂家报价，应该向近期购买该厂家同类产品的其他客户了解实际成交价格。

第二，价格资料。使用价格资料时，应该注意价格资料的有效性和可靠性。

②价格指数法。

第一，定基价格指数。定基价格指数就是以固定时期为基期的指数，通常用百分比来表示。以100%为基础，物价指数大于100%，表明物价上涨；物价指数在100%以下，表明物价下跌。计算公式为：

机器设备本体重置成本＝历史成本×评估基准日定基物价指数÷购置时定基物价指数

第二，环比物价指数法。如果环比期以年为单位，则环比物价指数表示该类产品当年较上年的价格变动幅度。计算公式为：

机器设备本体重置成本=原始成本×（$P1 \times P2 \times \cdots \times Pn$）

式中：P为环比物价指数。

在机器设备评估中，对于一些难以获得市场价格的机器设备，经常采用价格指数法。使用这种方法时，评估人员应注意以下问题：选取的物价指数应与评估对象相配比，一般采用某一类产品的分类物价指数，不可采用综合物价指数；应注意审查历史成本的真实性；企业账面的设备历史成本一般包括运杂费、安装费、基础费以及其他费用，费用的物价指数往往是不同的，应该分别计算；只能测算复原重置成本；进口设备应使用进口设备生产国（或者设备的出口国）的分类物价指数；被评估设备的样本数量会影响评估值的准确度。

第三，重置核算法。重置核算法就是通过分别测算机器设备的各项成本费用来确定机器设备本体的重置成本的方法。

这种方法常用于确定非标准、自制机器设备本体的重置成本的计算。

第四，综合估价法。综合估价法就是根据机器设备的主材费和主要外购件费与机器设备成本费用的比例关系，通过确定设备的主材费和主要外购件费，计算出机器设备的完全制造成本，并考虑企业利润和设计费用来确定机器设备的重置成本。计算公式为：

$$RC = \left(\frac{Mrm}{Km} + Mpm\right) \times (1 + Kp) \times (1 + Kt) \times \left(1 + \frac{Kd}{n}\right)$$

$$Mrm=\sum\left(\frac{\text{某主材净消耗量}}{\text{该主材利用率}} \times \frac{\text{含税市场价}}{1+\text{增值税税率}}\right)$$

$$Mpm=\sum\left(\text{某主要外购件的数量} \times \frac{\text{含税市场价}}{1+\text{增值税税率}}\right)$$

式中：RC为重置成本，Mrm为主材费，Km为成本主材费率，Kp为利润率，Kt为综合税金率，Kd/n为单台设备设计费率，Mpm为外购件费。

第五，规模经济效益指数法。对于某些特定的机器设备，如化工、石油行业的机器设备等，同一系列不同生产能力的机器设备的重置成本变化与生产能力的变化呈某种指数关系。有以下公式：

$$RC = (A_1/A_2)^x \times S_2$$

x的取值一般在0.4～1.2之间。

$$x = \ln(RC/S_2)/\ln(A_1/A_2)$$

式中：RC为重置成本；A_1为被评估机器设备的生产能力；A_2为参照机器设备的生产能力；S_2为参照机器设备的重置成本；x为经济规模效益指数。

（3）运杂费。

①国产设备运杂费。国产设备运杂费是指从生产厂家到安装使用地点所发生的有

关费用。计算公式为：

国产设备运杂费 = 国产设备原价×国产设备运杂费率

②进口设备的国内运杂费。进口设备的国内运杂费是指从出口国运抵我国后，从所到达的港口、车站、机场等地，将设备运至使用目的地所发生的有关费用，但是不包括运输超限设备时发生的特殊费用。计算公式为：

进口设备的国内运杂费 = 进口设备到岸价×进口设备国内运杂费率

（4）设备安装费。

①国产设备安装费。计算公式为：

国产设备安装费 = 设备原价×设备安装费率

②进口设备安装费。计算公式为：

进口设备安装费 = 相似国产设备原价×国产设备安装费率

或

进口设备安装费 = 进口设备到岸价×进口设备安装费率

（5）基础费。基础费是指为安装设备而建造的特殊构筑物。

①国产设备基础费。计算公式为：

国产设备基础费 = 国产设备原价×国产设备基础费率

②进口设备基础费。计算公式为：

进口设备基础费 = 相似国产设备原价×国产设备基础费率

或

进口设备基础费 = 进口设备到岸价×进口设备基础费率

（6）进口设备从属费用。

进口设备从属费用包括国外运费、国外运输保险费、关税、消费税、增值税、银行财务费、外贸手续费，车辆还包括车辆购置附加税等。

①国外运费。计算公式为：

国外运费 = 设备离岸价×国外运费率

国外运费率，远洋一般为5%～8%，近洋一般为3%～4%。

②国外运输保险费。计算公式为：

国外运输保险费 =（设备离岸价 + 国外运费）×保险费率

③关税。计算公式为：

关税 = 设备到岸价（CIF）×关税税率

④消费税。计算公式为：

消费税 =（关税完税价格 + 关税）×消费税税率/（1 - 消费税税率）

⑤增值税。计算公式为：

增值税 =（关税完税价格 + 关税 + 消费税）×增值税税率

增值税 = 关税完税价格（1 + 关税税率）/（1 - 消费税税率）×增值税税率

⑥银行财务费。计算公式为：

银行财务费 = 设备离岸价×费率

我国现行银行财务费率一般为4‰～5‰。

⑦外贸手续费。计算公式为：

外贸手续费＝设备到岸价（CIF）×外贸手续费率

目前，我国进出口公司的进口外贸手续费率一般为1%～1.5%。

⑧车辆购置附加税费。计算公式为：

车辆购置附加税＝（到岸价人民币＋关税＋消费税）×税率

（7）运输设备重置成本。

一般以现行市场销售价格加上购置税、办证费用作为运输设备的重置成本。计算公式为：

运输设备重置成本=现行市场销售价+购置税+办证费用

2.成新率的确定

在评估中，要对设备逐台核查，了解设备的运行和磨损情况、大修及维护保养情况，对重点设备、大型设备还要查阅购置合同，同时考虑其功能性、经济性贬值来确定成新率。

（1）使用年限法成新率。设备实际已使用时间和总的经济寿命对其成新率有重大影响，故可以用使用年限法计算理论成新率。计算公式为：

使用年限法成新率=尚可使用年限÷（实际已使用年限+尚可使用年限）

（2）观察法成新率。通过到现场观察该设备的外观、电器控制系统、设备维护保养状况、工作环境，可以确定该设备的成新率。

（3）综合成新率。这可以通过对使用年限法成新率和观察法成新率进行加权计算求取。本项目实验权重确定为1∶1，因此综合成新率的计算公式为：

综合成新率=使用年限法成新率×50%+观察法成新率×50%

（4）运输车辆的成新率主要根据2012年12月27日商务部、国家发改委、公安部、环境保护部发布的《机动车强制报废标准规定》和公安部《关于实施〈关于调整汽车报废标准若干规定的通知〉有关问题的通知》（公交管〔2001〕2号）规定的各种汽车行驶里程、使用年限、现场察看、测试取得的实际车况资料确定。成新率计算公式为：

里程成新率=尚可运行里程数÷设计里程数

技术鉴定成新率=$\sum$各部件得分×100%

综合成新率=里程成新率×50%+技术鉴定成新率×50%

3.评估价值的确定

（1）仍可继续使用机器设备评估值=重置成本×综合成新率

（2）对于已损坏的设备，根据该设备可回收重量乘以废旧物资回收单价，计算其净残值，以净残值作为评估价值。计算公式为：

评估价值=净残值=可回收物资重量×可回收物资的市场回收单价

（3）对于部分购入时间较长的电脑及办公设备，由于无法查询同类设备的市价，评估人员通过调查二手市场的价格，以二手设备的交易价格为基础确定评估价值。计算公式为：

评估价值=二手市场设备价

（4）运输车辆评估价值=重置成本×综合成新率

（二）市场法

市场法又称为市场价格比较法，是指通过比较被评估设备与最近售出类似设备的异同，并将类似设备的市场价格进行调整，从而确定被评估设备价值的一种评估方法。

这种方法的基本思路是：通过市场调查，选择一个或几个与评估设备相同或类似的设备作为参照物，分析参照物的构造、功能、性能、新旧程度、地区差别、交易条件及成交价格等，并与被评估设备一一对照比较，找出两者的差别及差别所反映的价格上的差额，经过调整，计算出旧设备的价格。计算公式为：

被评估设备价值=参照设备成交价格×修正系数 1×修正系数 2×…×修正系数 n

1.市场法应用的前提条件

（1）需要一个充分发育、活跃的旧设备交易市场，有充分的参照物可取。

（2）参照物与被评估设备有可比较的指标，技术参数等资料是可收集到的，并且价值影响因素明确，可以量化。

2.市场法评估的步骤

（1）考察鉴定被评估设备。

收集被评估设备的资料，包括设备的类别、名称、型号等；了解设备的用途、目前的使用情况，并对设备的性能、新旧程度等作必要的技术鉴定，以获得被评估设备的主要参数，为市场数据资料的搜集及参照物的选择提供依据。

（2）选择参照物。

在实践中，一般按照可比性原则选取参照物。

设备的可比性因素主要包括类别、型号、用途、结构、性能、新旧程度、成交数量、成交时间、付款方式等。

参照物的选择一般应在三个以上。

（3）对被评估设备和参照物之间的差异进行比较、量化和调整。

被评估设备与参照物之间的各种可比因素应尽可能予以量化、调整，具体包括：

①销售时间差异的量化。在选择参照物时，应尽可能选择在评估基准日成交的例子，以便免去销售时间允许的量化步骤。

②设备性能差异的量化。设备性能差异的具体表现是设备营运成本、运行效率、经营成果的差异，一般通过测算超额营运成本的方法将性能方面的差异量化。

③新旧程度差异的量化。被评估设备与参照物在新旧程度上不一定完全一致，参照物也未必是全新的，这就要求评估人员对被评估设备与参照物的新旧程度的差异进

行量化。

④销售数量、付款方式差异的量化。销售数量多少、采用不同的付款方式均会对设备的成交单价产生影响。对销售数量差异的调整，可采用未来收益的折现方法解决；对付款方式差异的调整，被评估设备通常以一次性付款方式为假定前提，若参照物采用分期付款方式，则可按当期银行利率将各期分期付款额折现累加，即可得到一次性付款总额。

（4）汇总各因素差异量化值，求出设备的评估值。

对上述各差异因素量化值进行汇总，给出设备的评估值。以数学表达式表示为：

$$被评估设备的价值=参照物现行市价\times\sum差异量$$

或

$$被评估设备的价值=参照物现行市价\times差异调整系数$$

用市场法进行评估，了解市场情况是很重要的。要全面了解市场情况，了解的情况越多，评估的准确性越高，这是市场法评估的关键。

用市场法评估包含了设备的各种贬值因素，包括有形损耗的贬值、功能性贬值和经济性贬值，因而用市场法评估不再专门计算功能性贬值和经济性贬值。

3.市场法的应用场合

市场法要求评估人员经验丰富，熟悉设备的评估鉴定程序、鉴定方法和市场交易情况。采用市场法进行评估，时间会很短，特别适用于成批收购、鉴定和典当。单件收购估价时，双方还可以讨价还价，以便达成双方都能接受的交易价格。

（三）收益法

1.收益法的定义

收益法是指通过估测机器设备未来预期收益的现值，来判断资产价值的各种评估方法的总称。

从理论上来说，收益法是资产评估中较为科学合理的评估方法之一。

2.收益法的基本前提

（1）收益法涉及三个基本因素：一是机器设备的预期收益（R_i或A）；二是折现率或者本金化率（r）；三是机器设备取得预期收益的持续时间（n）。

（2）应用收益法必须具备的前提条件有三个：

第一，机器设备的预期收益可以预测并可以用货币衡量。影响机器设备预期收益的主要因素包含主观因素和客观因素，应该是比较明确的，评估人员可以据此分析和测算出机器设备的预期收益。

第二，资产拥有者获得预期收益所承担的风险也可以预测并可以用货币衡量。不同的收益可能有着不同的风险，所以两台机器设备即使预计在未来的收益基本相当，可是由于风险不一样，大家也会选择购买风险低的资产，或者说大家会认为风险低的资产的价值更高。从货币时间价值的角度、从资产股价的角度来看，不同风险的收益需要使用不同的折现率来计算现值。

第三，机器设备预期获利年限可以预测。

3.收益法的基本程序

采用收益法进行评估，基本程序如下：

（1）搜集验证与评估对象未来预期收益有关的数据资料，包括经营前景、财务状况、市场形势以及经营风险等；

（2）分析测算评估对象未来预期收益；

（3）确定折现率或资本化率；

（4）分析测算机器设备未来预期收益持续的时间；

（5）用折现率或资本化率将评估对象未来预期收益折算成现值；

（6）分析确定评估结果。

从评估实务的角度看，（1）~（4）比较关键，涉及收益法计算的3个关键因素：预期收益、取得预期收益的持续时间、折现率。

4.收益法的基本参数

（1）收益额。收益额是资产在正常情况下所能得到的归其产权主体的所得额。

资产评估中的收益额是资产未来的预期收益额，而不是资产的历史收益额或现实收益额；用于资产评估的收益额是资产的客观收益，而不是资产的实际收益。客观收益就是根据各种变量、因素合理估计机器设备的收益，而实际收益中可能包括不合理的因素。

资产收益额的表现形式有多种，不同种类资产的收益额表现形式不同，要合理选择收益额的种类。

（2）折现率。折现率是一个期望的投资报酬率，是投资者在投资风险一定的情况下，对投资所期望的回报率。

从构成上看：

折现率 = 无风险报酬率 + 风险报酬率

无风险报酬率是指没有投资限制和障碍，任何投资者都可以投资并能够获得（事实上就是没有风险）的投资报酬率。在实务中，无风险报酬率可以用同期国库券利率或者银行利率来表示（现在考试的时候都是直接采用国债利率，并不进行换算）。

风险报酬率是根据所投资的行业中企业增减、财务风险、市场风险、经营风险等各种风险来测算进行这项交易将承担的风险。

（3）收益期限。收益期限是在持续使用的情况下，在未来多长时间，资产能够给所有者带来预期收益。收益期限可以是1年、2年、5年等有限期限，也可以是永续无期限，通常以年表示。

5.收益法的基本公式

$$P=\sum_{i=1}^{n}\frac{R_i}{(1+r)^i}$$

式中：P为机器设备的评估值；R_i为未来第i年的预期收益；r为折现率；n为机器设备取得预期收益的持续时间，即收益期限。

6.收益法的演变公式

（1）在收益期限为n年，每期收益额相同（用A表示），折现率为i且大于零的条件下：

P = A（P/A，i，n）

（2）纯收益在若干年后保持不变（即令R_i = A）的情况下：

$$P=\sum_{i=1}^{n}\frac{R_i}{(1+r)^i}+A(P/A,i,n-t)\times(P/F,i,t)$$

成立条件是：纯收益在t年（含第t年）以前有变化，在t年（不含第t年）以后保持不变；收益期限为n；r大于零。需要特别注意的是：纯收益A的收益期限是（n-t）而不是n。

五、实验要求

（一）明确评估业务基本事项

了解和掌握资产评估机构在接受资产评估业务委托之前应当明确的基本事项。请填写资产评估项目风险评价表（详见表2-12）和评估业务基本事项记录表（详见表2-13）。

表2-12 **资产评估项目风险评价表** 索引编号：

序号	内　容
一	评估风险分析
1	委托方的风险分析： （1）委托方对评估值的要求：有□　无□ （2）委托方与被评估单位是否存在现时或潜在的利害关系：有□　无□　不清楚□
2	被评估单位的风险分析： （1）目前经营状况：盈利□　亏损□　停产□ （2）内部管理状况：管理规范□　管理一般□　管理混乱□ （3）配合评估的程度：配合良好□　配合一般□　不配合□ （4）企业环保情况：达标□　限期治理□　不达标□ （5）重大诉讼事项：有□　无□ （6）影响企业正常经营的重大事项：有□　无□ （7）资产对外抵押、担保事项：有□　无□ （8）资产对外租赁情况：有□　无□ （9）其他：

续表

序号	内　容
3	评估人员操作能力及项目实施过程风险分析： (1) 评估人员的专业胜任能力：胜任□　能力不足□ (2) 获取评估基础资料的程度：齐全□　较齐全□　很少□ (3) 现场清查情况：能按操作程序进行清查□　勉强按操作程序进行清查□　难以按操作程序进行清查□ (4) 函证情况：有部分回函□　无回函□　无法进行函证□ (5) 评估依据（包括询价记录、市场调查）：充分□　比较充分□　难以收集□ (6) 评估结果分析：合理□　比较合理□　具有一定风险□ (7) 评估工作底稿：完整□　比较完整□　不完整□ (8) 重大事项披露情况：已充分披露□　尚未披露□ (9) 其他：
4	评估时间要求的风险分析：时间很短□　　正常□
5	权属状况的风险分析： (1) 股东权属情况：清晰□　不清晰□ (2) 车辆权证状况：全有□　部分有□　全无□ 权证与产权持有人：相符□　部分相符□ 抵押状况：无□　全部抵押□　部分抵押□ (3) 房产权证状况：有□　部分有□　全无□ 权证与产权持有人：相符□　部分相符□ 房产抵押状况：无□　全部抵押□　部分抵押□ (4) 土地权证状况：有□　部分有□　全无□ 权证与产权持有人：相符□　不相符□ 土地抵押状况：无□　全部抵押□　部分抵押□ (5) 其他无形资产权属情况：有权证□　无权证□ 权证与产权持有人：相符□　不相符□ 抵押状况：无□　有□
6	评估对象和评估范围的风险分析： (1) 评估对象和评估范围与评估业务合同书是否相符：相符□　不相符□ (2) 资产评估申报明细表获取情况：已提供□　已签字盖章□　未提供□　未签字盖章□ (3) 其他：
7	评估报告使用中的风险分析： 评估报告使用者：委托方□　主管部门□　政府部门□　社会公众□　其他：
二	评估项目风险评价
1	无风险
2	有一定风险
3	风险很大

编制人：　　　　　　　　审核人：

表2-13　　**评估业务基本事项记录表**　　索引编号：

序号	项　目	内　容			
1	评估业务名称				
2	评估报告文号	评报字（　）第　号			
3	业务类型	1.证券业务评估　2.非证券业务评估			
4	评估业务接洽方式	1.协议委托　2.招投标　3.其他：			
5	评估报告日	20　年　月　日			
6	委托方				
7	产权持有人				
8	被评估单位				
9	评估目的				
10	评估基准日	20　年　月　日			
11	委托方以外的其他评估报告使用者	监管部门 股东 债权人 社会公众 其他：			
12	评估对象	1.企业整体价值 2.全部股东权益价值 3.股东部分权益价值 4.单项资产 5.资产组合 6.金融不良资产 7.其他：			
13	评估范围				
14	主要资产所在地				
15	价值类型				
16	主要评估方法	1.收益法 2.市场法 3.成本法 4.采用____法和____法途径分别评估，经分析后，采用____法评估结果作为最终评估结论			
17	企业价值评估结果（万元）				
17-1	项　目	调整后账面值	评估值	增值额	增值率（%）
17-2	总资产				
17-3	负债				
17-4	净资产（股东全部权益价值）				
17-5	股东部分权益价值				
17-6	企业整体价值				
18	单项资产及资产组合评估结果（万元）				
18-1	项　目	调整后账面值	评估值	增值额	增值率（%）
18-2	建筑物类资产				
18-3	设备类资产				
18-4	无形资产（不含土地）				
18-5	土地使用权				
18-6	合　计				
19	签字评估师				
20	委托方	联系人： 联系电话：			
21	被评估单位	联系人： 联系电话：			
22	审计机构	机构名称： 联系人：　联系电话：			
23	土地估价机构	机构名称： 联系人：　联系电话：			
24	券商	机构名称： 联系人：　联系电话：			
25	其他				

编制人：　　　　审核人：

(二) 签订资产评估业务合同

资产评估业务合同书 索引编号：

甲方（委托方）：________________________________

乙方（评估机构）：________________________________

甲方需对其委托评估范围内的资产进行评估，经双方协商，就委托事项协议如下：

一、评估业务基本内容

1. 产权持有者名称：

2. 资产评估目的：

3. 资产评估对象：

4. 资产评估范围：

5. 资产评估基准日：____年__月__日

6. 价值类型：

7. 资产评估报告使用方：

二、甲方的责任和义务

1. 甲方应当为评估人员执行评估业务提供必要的工作条件和协助；根据评估业务的需要，负责评估人员与相关当事方之间的协调。

2. 在评估人员的指导和参与下，产权持有者对委托评估资产及有关债权、债务在____年__月__日进行全面清查并按评估要求填写各资产、负债资产评估申报明细表及有关资料。

3. 甲方和产权持有者应及时提供评估机构所需的会计资料、房屋所有权证、土地使用证及其他产权证明文件等评估对象法律权属资料和与评估目的相关的经济情形的批准文件，根据乙方的要求收集、提供评估所需的有关资料。

4. 产权持有者应配合评估人员进行现场查勘，如实提供机器设备，房屋建筑物维护保养、拆建拆除记录，如实反映库存物资质量状况和账外实存资产等情况。

5. 甲方或者产权持有者应当对其提供的资产评估申报明细表及相关证明材料以签字、盖章或者其他方式进行确认。

6. 未征得乙方同意，评估报告内容不得被摘抄、引用或披露于公开媒体，法律法规规定以及相关当事方另有约定的除外。

7. 按资产评估业务合同书的规定及时足额支付评估费用。

三、乙方的责任和义务

1. 指导产权持有者进行企业清查、填报资产及收集准备资料。

2. 按国家有关资产评估的法律法规、《资产评估准则》、《资产评估操作规范意见（试行）》及价值类型，对委托评估范围内的资产做出独立、客观、公正、科学的评估咨询结论。

3. 对申报评估资产进行抽查核实，实事求是地对资产进行实地调查、勘察。

4. 对在评估过程中知悉的关于委托方、产权持有者的商业和技术秘密保密。

5. 未经甲方书面许可，评估人员和评估机构不得将评估报告的内容向第三方提供或者公开，法律法规另有规定的除外。

6. 乙方应按约定时间向甲方出具资产评估报告书，并对报告的质量负责。

四、评估收费

经双方协商确定，评估服务费为人民币________元（大写：________元整）。本合同书签订后，在外勤工作结束时支付50%，即________元；甲方在完成本次评估提交报告书时支付其余的50%，即________元；或于提交报告时一次性支付元，以________方式支付。评估费用不包括评估人员交通、食宿费和需要专业机构检测的费用，若发生时另行约定。

五、评估报告提交期限和方式

乙方向甲方提交资产评估报告书共计____份，其中____份附带有关评估明细资料；这些报告由甲方分发、使用，资产评估报告书的使用权归甲方所有。

乙方应在甲方提供评估所需全部资料的基础上，在____年__月__日以乙方至甲方住所自取方式提交资产评估报告书，如遇特殊情况双方可协商解决。

六、基本责任和报告的使用责任

1. 遵守相关法律法规和《资产评估准则》，对评估对象在评估基准日特定目的下的价值进行分析、估算并发表专业意见，是评估师的责任；提供必要的资料并保证所提供资料的真实性、合法性、完整性，恰当使用评估报告是委托方和相关当事方的责任。评估师对评估对象的法律权属状况应当给予必要的关注，但不对评估对象的法律权属作任何形式的保证。

2. 评估报告的使用范围仅限委托方和业务合同书约定的其他评估报告使用者，国家法律法规另有规定的除外。任何未经甲、乙双方共同书面确认的机构或个人不能由于得到评估报告而成为评估报告使用者。评估报告中的评估结论仅供甲方为本业务合同书中的评估目的使用和送交财产评估主管机关审查使用。

3. 甲方应当合理使用评估报告，评估师和评估机构对委托方和其他评估报告使用者不当使用评估报告所造成的后果不承担责任。

七、约定事项的变更、业务合同书的中止及违约责任

1. 业务合同书各方发现相关事项约定不明确，或者实施评估程序受到限制需要增加、调整约定事项的，可以协商对业务合同书相关条款进行变更；评估目的、评估对象、评估基准日发生变化，或者评估范围发生重大变化，评估机构应当与委托方签订补充协议或重新签订业务合同书。

2. 当评估程序所受限制对与评估目的相对应的评估结论构成重大影响时，评估机构可以中止履行业务合同书；相关限制无法排除时，乙方可以解除业务合同书。

3. 签约各方因不可抗力无法履行业务合同书的，根据不可抗力的影响，部分或者全部免除责任，法律另有规定的除外。

4. 如因甲方原因致使本次评估工作中（终）止，乙方已收取的费用不退还，甲方另应支付乙方已完成工作量相应的评估服务费。如乙方因自身原因中途退出本次评估，乙方退还已收取的费用，并按合同约定收费金额的________支付甲方补偿金。

八、适用法律及争议解决

1. 本合同订立、效力、解释、履行及争议的解决均适用中华人民共和国法律。

2. 因履行本合同发生争议，由争议双方相互理解、协商解决；协商不成的，依法向人民法院起诉。

九、其他需要约定事项

十、业务合同书生效期

本业务合同书自签订之日起生效。本业务合同书一式两份，双方各执壹份。

委托方（章）：　　　　　　　　评估机构（章）：

法定代表人（委托代理人）签章：　　法定代表人（委托代理人）签章：

（三）编制资产评估项目工作计划（表2-14）

表2-14　　　　**资产评估项目工作计划表**　　　　索引编号：

<table>
<tr><td colspan="2">项目负责人：
报批日期：　20　年　月　日</td><td>签字评估师：
报批日期：　20　年　月　日</td><td>项目经理：
报批日期：　20　年　月　日</td></tr>
<tr><td rowspan="8">项目基本情况</td><td colspan="3">委托方名称：</td></tr>
<tr><td colspan="3">被评估单位名称：</td></tr>
<tr><td colspan="3">评估目的：</td></tr>
<tr><td colspan="3">评估基准日：20　年　月　日</td></tr>
<tr><td colspan="3">评估对象：1.企业整体价值　2.全部股东权益价值　3.股东部分权益价值
4.单项资产　5.资产组合　6.金融不良资产　7.其他：</td></tr>
<tr><td colspan="3">评估范围：□流动资产　□长期股权投资　□设备类资产
□建筑物类资产　□在建工程　□划拨土地
□无形资产（出让土地、专利、专有技术、商标、版权等）
□其他资产（请注明：　　）　□负债</td></tr>
<tr><td colspan="3">资产量：总资产　万元，负债　万元，净资产　万元
其中：固定资产原值　万元，净值　万元；
在建工程　万元；无形资产　万元；
长期股权投资　万元，控股　家</td></tr>
<tr><td>主要资产分布地点</td><td colspan="2"></td></tr>
</table>

续表

<table>
<tr><td rowspan="8">评估人员</td><td>项 目</td><td>本部人员</td><td>外聘</td></tr>
<tr><td>项目负责人</td><td></td><td></td></tr>
<tr><td>流动资产及负债</td><td></td><td></td></tr>
<tr><td>设备及在建工程</td><td></td><td></td></tr>
<tr><td>建筑物及在建工程</td><td></td><td></td></tr>
<tr><td>土地使用权</td><td></td><td></td></tr>
<tr><td>其他无形资产</td><td></td><td></td></tr>
<tr><td>其他资产</td><td></td><td></td></tr>
<tr><td rowspan="5">评估进度</td><td>项目备案日期</td><td colspan="2">20 年 月 日</td></tr>
<tr><td>现场工作时间</td><td colspan="2">20 年 月 日—20 年 月 日</td></tr>
<tr><td>汇总及出具初稿时间</td><td colspan="2">20 年 月 日—20 年 月 日</td></tr>
<tr><td>审核日期</td><td colspan="2">20 年 月 日—20 年 月 日</td></tr>
<tr><td>客户要求出报告日期</td><td colspan="2">20 年 月 日</td></tr>
<tr><td colspan="4">评估方法：1.收益法 2.市场法 3.成本法 4.采用____法和____法途径分别评估，经分析后，采用____法评估结果作为最终评估结论</td></tr>
<tr><td colspan="4">价值类型：</td></tr>
<tr><td>项目风险初步分析</td><td colspan="3">1.评估报告的特殊使用：
2.评估资产的特殊性：
3.资产的权属状况：
4.被评估单位的内部管理：
5.评估人员的操作能力：
6.时间要求：
7.结论：</td></tr>
<tr><td>工作重点及风险控制措施</td><td colspan="3"></td></tr>
</table>

注：如果本项目编制了更为详细的操作方案，上述表格中的部分内容可填写为“详见操作方案”。在主管领导审核评估计划的同时，请报送一份操作方案。

（四）收集和分析被评估设备相关资料

1.因篇幅有限，填写其中一项机器设备评估作业表（表2-15）

表2-15 **机器设备评估作业表** 索引编号：

资产占有单位： 评估基准日： 年 月 日

<table>
<tr><td rowspan="4">设备简介</td><td>设备名称</td><td></td><td>规格型号</td><td></td><td>购置日期</td><td></td></tr>
<tr><td>制造厂家</td><td></td><td>供货单位</td><td></td><td>启用日期</td><td></td></tr>
<tr><td>账面原值</td><td></td><td>账面净值</td><td></td><td>出厂日期</td><td></td></tr>
<tr><td>外币名称</td><td></td><td>外币原值</td><td></td><td>停用日期</td><td></td></tr>
<tr><td rowspan="6">技术鉴定及成新率鉴定</td><td>外观情况</td><td colspan="5"></td></tr>
<tr><td>主要技术参数功能</td><td colspan="5"></td></tr>
<tr><td>同类设备技术发展</td><td colspan="5"></td></tr>
<tr><td>异常情况</td><td colspan="5"></td></tr>
<tr><td>使用情况</td><td colspan="5"></td></tr>
<tr><td>成新率</td><td></td><td colspan="2">鉴定人：</td><td colspan="2">鉴定日期：</td></tr>
<tr><td rowspan="2">取价依据</td><td>主要取价渠道及取价值</td><td colspan="5"></td></tr>
<tr><td>价格调整因素及比例</td><td colspan="5"></td></tr>
<tr><td rowspan="2">评估意见</td><td colspan="3">重置完全价值：</td><td colspan="3">评估价值：</td></tr>
<tr><td colspan="6">项目负责人意见：</td></tr>
</table>

评估人员： 评估日期：

2.填写两份车辆评估作业表（表2-16和表2-17）

表2-16　**车辆评估作业表（一）**

资产占有单位：　　　　评估基准日：　年　月　日　　　　索引编号：

<table>
<tr><td rowspan="4">设备名称</td><td>车辆名称</td><td></td><td>规格型号</td><td></td><td>购置日期</td><td></td></tr>
<tr><td>制造厂家</td><td></td><td>牌照号码</td><td></td><td>启用日期</td><td></td></tr>
<tr><td>账面原值</td><td></td><td>账面净值</td><td></td><td>出厂日期</td><td></td></tr>
<tr><td>已行驶里程</td><td colspan="5">千米</td></tr>
<tr><td>核对证件</td><td colspan="2">□原始发票 □机动车登记证书 □机动车行驶证 □法人代码证或身份证 □其他：</td><td colspan="4">□购置附加税 □养路费 □车船税 □其他：</td></tr>
<tr><td rowspan="6">主要技术参数</td><td colspan="2">发动机</td><td colspan="4"></td></tr>
<tr><td colspan="2">长×宽×高</td><td colspan="4"></td></tr>
<tr><td colspan="2">轴距</td><td colspan="4"></td></tr>
<tr><td colspan="2">整车质量</td><td colspan="4"></td></tr>
<tr><td colspan="2">排放标准</td><td colspan="4"></td></tr>
<tr><td colspan="2">变速器</td><td colspan="4"></td></tr>
<tr><td rowspan="9">技术鉴定</td><td colspan="2">发动机</td><td colspan="4"></td></tr>
<tr><td colspan="2">底盘、车架</td><td colspan="4"></td></tr>
<tr><td colspan="2">转向器</td><td colspan="4"></td></tr>
<tr><td colspan="2">电气仪表</td><td colspan="4"></td></tr>
<tr><td colspan="2">制动</td><td colspan="4"></td></tr>
<tr><td colspan="2">汽车的燃料经济性</td><td colspan="4"></td></tr>
<tr><td colspan="2">动力性能</td><td colspan="4"></td></tr>
<tr><td colspan="2">排气污染</td><td colspan="4"></td></tr>
<tr><td colspan="2">其他</td><td colspan="4"></td></tr>
<tr><td>评估意见</td><td colspan="6"></td></tr>
</table>

评估人员：　　　　　　　　　　评估日期：

表2-17 **车辆评估作业表（二）**

资产占有单位： 评估基准日： 年 月 日 索引编号：

<table>
<tr><td rowspan="4">设备名称</td><td>车辆名称</td><td></td><td>规格型号</td><td></td><td>购置日期</td><td></td></tr>
<tr><td>制造厂家</td><td></td><td>牌照号码</td><td></td><td>启用日期</td><td></td></tr>
<tr><td>账面原值</td><td></td><td>账面净值</td><td></td><td>出厂日期</td><td></td></tr>
<tr><td>已行驶里程</td><td colspan="5">千米</td></tr>
<tr><td>核对证件</td><td colspan="3">□原始发票 □机动车登记证书
□机动车行驶证 □法人代码证或身份证 □其他：</td><td colspan="3">□购置附加税 □养路费 □车船税
□其他：</td></tr>
<tr><td rowspan="6">主要技术参数</td><td colspan="3">发动机</td><td colspan="3"></td></tr>
<tr><td colspan="3">长×宽×高</td><td colspan="3"></td></tr>
<tr><td colspan="3">轴距</td><td colspan="3"></td></tr>
<tr><td colspan="3">整车质量</td><td colspan="3"></td></tr>
<tr><td colspan="3">排放标准</td><td colspan="3"></td></tr>
<tr><td colspan="3">变速器</td><td colspan="3"></td></tr>
<tr><td rowspan="9">技术鉴定</td><td colspan="3">发动机</td><td colspan="3"></td></tr>
<tr><td colspan="3">底盘、车架</td><td colspan="3"></td></tr>
<tr><td colspan="3">转向器</td><td colspan="3"></td></tr>
<tr><td colspan="3">电气仪表</td><td colspan="3"></td></tr>
<tr><td colspan="3">制动</td><td colspan="3"></td></tr>
<tr><td colspan="3">汽车的燃料经济性</td><td colspan="3"></td></tr>
<tr><td colspan="3">动力性能</td><td colspan="3"></td></tr>
<tr><td colspan="3">排气污染</td><td colspan="3"></td></tr>
<tr><td colspan="3">其他</td><td colspan="3"></td></tr>
<tr><td>评估意见</td><td colspan="6"></td></tr>
</table>

评估人员： 评估日期：

(五) 评定估算

1.编制机器设备和车辆实体性成新率计算表（表2-18和表2-19）

表2-18 **机器设备实体性成新率计算表**

资产占有单位：　　　　　　评估基准日：　　年　月　日　　　　　　索引编号：

序号	设备名称	规格型号	单位	数量	年限法成新率	观察法成新率	综合成新率

评估人员：　　　　　　　　　　　　评估日期：

表 2-19 **车辆实体性成新率计算表**

资产占有单位： 评估基准日： 年 月 日 索引编号：

序号	车辆牌号	车辆名称及规格型号	生产厂家	计量单位	数量	购置启用日期	已行驶里程（千米）	里程成新率	观察法成新率	综合成新率

评估人员： 评估日期：

2.请列出桂ATY0××评估值的计算过程（表2-20）

表 2-20 **被评估车辆名称及牌照____**

资产占有单位： 评估基准日： 年 月 日 索引编号：

评估因素	参照物A	参照物B	参照物C
售价			
交易时间修正系数			
成新率修正系数			
车辆性能修正系数			
付款方式修正系数			
交易地区修正系数			
修正后的售价			
评估值			

评估人员： 评估日期：

3.第20项被评估项目计算过程

（1）折现率的计算过程

（2）编制被评估项目的预期净利润计算表（表2-21）

表2-21 **被评估项目预计未来可使用年度内的净利润** 单位：人民币元

资产占有单位： 评估基准日： 年 月 日 索引编号：

年份 项目	2016	2017	2018	2019	2020	2021
一、营业收入						
减：营业成本						
税金及附加						
销售费用						
管理费用						
财务费用						
资产减值损失						
加：公允价值变动收益						
投资收益						
二、营业利润						
加：营业外收入						
减：营业外支出						
三、利润总额						
减：所得税费用						
四、净利润						

评估人员： 评估日期：

（3）被评估项目评估值计算表（表2-22）

表2-22 **被评估项目净现金流量预测及评估值计算表** 单位：人民币元

资产占有单位： 评估基准日： 年 月 日 索引编号：

年份 项目	2016	2017	2018	2019	2020	2021
净利润						
加：折旧						
加：利息费用×（1-所得税税率）						
减：追加资本支出						
减：追加营运资本						
净现金流量						
折现率						
折现系数						
净现金流量折现值						
评估值						

评估人员： 评估日期：

4.编制固定资产——机器设备评估明细表（表2-23）和车辆评估明细表（表2-24）

表2-23 **机器设备评估明细表**

被评估单位： 评估基准日： 年 月 日 金额单位：人民币元

序号	设备名称	规格型号	计量单位	数量	购置日期	账面价值		评估价值			增值率（%）	备注
						原值	净值	原值	成新率（%）	净值		
合 计												
减：机器设备减值准备												
合计												

被评估单位填表人： 评估人员：

表2-24 **固定资产——车辆评估明细表**

被评估单位（或者产权持有单位）： 评估基准日： 年 月 日 金额单位：人民币元

序号	车辆牌号	车辆名称及规格型号	生产厂家	计量单位	数量	购置日期	启用日期	已行驶里程（千米）	账面价值		评估价值			增值率（%）	备注
									原值	净值	原值	成新率（%）	净值		
合计															
减：车辆减值准备															
合计															
被评估单位填表人： 评估人员： 填表日期： 年 月 日															

5.因篇幅有限，编制机器设备清查评估工作底稿1份（表2-25）和车辆清查评估工作底稿2份（表2-26和表2-27）

表2-25 **固定资产——机器设备清查评估工作底稿**

被评估单位名称			索引编号	
			评估基准日	
评估人员			清查日期	
审核人员		评估方法		
项目		金额（元）	清查基本状况简介	
明细账账面数	原值		1.主要设备购进时间：	
	净值		2.设备设计能力： 实际生产能力： 能否满足生产需要：	
总账账面数	原值			
	净值			

续表

<table>
<tr><td colspan="2" rowspan="2">被评估
单位名称</td><td rowspan="2"></td><td>索引编号</td><td></td></tr>
<tr><td>评估基准日</td><td></td></tr>
<tr><td rowspan="2">报表账面数</td><td>原值</td><td></td><td colspan="2">3.企业生产经营状况：正常、半停产、停产</td></tr>
<tr><td>净值</td><td></td><td colspan="2">4.设备维修状况：正常、一般、差</td></tr>
<tr><td colspan="3" rowspan="10">调整事项：</td><td colspan="2">5.是否有出租资产：有、无；租赁年限：</td></tr>
<tr><td colspan="2">6.机器设备是否存在已用于对外投资但财务未作账的情况：有、无</td></tr>
<tr><td colspan="2">7.设备产权状况：确定、不能确定</td></tr>
<tr><td colspan="2">8.是否核对了账面值：已核对、未核对</td></tr>
<tr><td colspan="2">9.未能现场勘察的资产：</td></tr>
<tr><td colspan="2">10.资产抵押与担保情况：有、无</td></tr>
<tr><td colspan="2">11.是否有进口设备：有、无</td></tr>
<tr><td colspan="2">12.设备账面价值是：原始价值、评估调整值</td></tr>
<tr><td colspan="2">13.盘盈资产是否确定与应收账款、预付账款、在建工程、递延资产等不重复：是、否</td></tr>
<tr><td colspan="2">14.车辆产权证：全有、部分有、无
产权人与资产占有方是否一致：是、否</td></tr>
<tr><td rowspan="2">清查调整数值</td><td>原值</td><td></td><td colspan="2">15.锅炉等压力容器、电梯检验报告：有、无</td></tr>
<tr><td>净值</td><td></td><td colspan="2" rowspan="5">16.重大事项说明：</td></tr>
<tr><td rowspan="2">调整后账面值</td><td>原值</td><td></td></tr>
<tr><td>净值</td><td></td></tr>
<tr><td rowspan="2">评估值</td><td>原值</td><td></td></tr>
<tr><td>净值</td><td></td></tr>
</table>

附机器设备产权证现场勘察记录、重大设备发票、安全检验证以及其他材料、评估计算说明等。

表2-26　**固定资产——车辆清查评估工作底稿（一）**

<table>
<tr><td rowspan="2">被评估
单位名称</td><td colspan="3" rowspan="2"></td><td>索引编号</td><td></td></tr>
<tr><td>评估基准日</td><td></td></tr>
<tr><td>评估人员</td><td colspan="3"></td><td>清查日期</td><td></td></tr>
<tr><td>审核人员</td><td colspan="2"></td><td>评估方法</td><td colspan="2"></td></tr>
<tr><td colspan="3">项　目</td><td>金额（元）</td><td colspan="2">清查基本状况简介</td></tr>
<tr><td colspan="2" rowspan="2">明细账账面数</td><td>原值</td><td></td><td colspan="2">1.主要设备购进时间：</td></tr>
<tr><td>净值</td><td></td><td colspan="2" rowspan="3">2.设备设计能力：
实际生产能力：
能否满足生产需要：</td></tr>
<tr><td colspan="2" rowspan="2">总账账面数</td><td>原值</td><td></td></tr>
<tr><td>净值</td><td></td></tr>
<tr><td colspan="2" rowspan="2">报表账面数</td><td>原值</td><td></td><td colspan="2">3.企业生产经营状况：正常、半停产、停产</td></tr>
<tr><td>净值</td><td></td><td colspan="2">4.设备维修状况：正常、一般、差</td></tr>
<tr><td colspan="4" rowspan="10">调整事项：</td><td colspan="2">5.是否有出租资产：有、无；租赁年限：</td></tr>
<tr><td colspan="2">6.机器设备是否存在已用于对外投资但财务未作账的情况：有、无</td></tr>
<tr><td colspan="2">7.设备产权状况：确定、不能确定</td></tr>
<tr><td colspan="2">8.是否核对了账面值：已核对、未核对</td></tr>
<tr><td colspan="2">9.未能现场勘察的资产：</td></tr>
<tr><td colspan="2">10.资产抵押与担保情况：有、无</td></tr>
<tr><td colspan="2">11.是否有进口设备：有、无</td></tr>
<tr><td colspan="2">12.设备账面价值是：原始价值、评估调整值</td></tr>
<tr><td colspan="2">13.盘盈资产是否确定与应收账款、预付账款、在建工程、递延资产等不重复：是、否</td></tr>
<tr><td colspan="2">14.车辆产权证：全有、部分有、无
产权人与资产占有方是否一致：是、否</td></tr>
<tr><td colspan="2" rowspan="2">清查调整数值</td><td>原值</td><td></td><td colspan="2">15.锅炉等压力容器、电梯检验报告：有、无</td></tr>
<tr><td>净值</td><td></td><td colspan="2" rowspan="5">16.重大事项说明：</td></tr>
<tr><td colspan="2" rowspan="2">调整后账面值</td><td>原值</td><td></td></tr>
<tr><td>净值</td><td></td></tr>
<tr><td colspan="2" rowspan="2">评估值</td><td>原值</td><td></td></tr>
<tr><td>净值</td><td></td></tr>
</table>

附机器设备产权证现场勘察记录、重大设备发票、安全检验证以及其他材料、评估计算说明等。

表2-27 **固定资产——车辆清查评估工作底稿（二）**

被评估单位名称		索引编号	
		评估基准日	
评估人员		清查日期	
审核人员		评估方法	
项　目		金额（元）	清查基本状况简介
明细账账面数	原值		1.主要设备购进时间：
	净值		2.设备设计能力： 实际生产能力： 能否满足生产需要：
总账账面数	原值		
	净值		
报表账面数	原值		3.企业生产经营状况：正常、半停产、停产
	净值		4.设备维修状况：正常、一般、差
调整事项：			5.是否有出租资产：有、无；租赁年限：
			6.机器设备是否存在已用于对外投资但财务未作账的情况：有、无
			7.设备产权状况：确定、不能确定
			8.是否核对了账面值：已核对、未核对
			9.未能现场勘察的资产：
			10.资产抵押与担保情况：有、无
			11.是否有进口设备：有、无
			12.设备账面价值是：原始价值、评估调整值
			13.盘盈资产是否确定与应收账款、预付账款、在建工程、递延资产等不重复：是、否
			14.车辆产权证：全有、部分有、无 产权人与资产占有方是否一致：是、否
清查调整数值	原值		15.锅炉等压力容器、电梯检验报告：有、无
	净值		16.重大事项说明：
调整后账面值	原值		
	净值		
评估值	原值		
	净值		

附机器设备产权证现场勘察记录、重大设备发票、安全检验证以及其他材料、评估计算说明等。

（六）评估复核

填写机器设备评估步骤及复核表（表2-28）。

表2-28　**机器设备评估步骤及复核表**　索引号：

被评估单位		评估基准日	
评估人员		现场工作日期	
操作步骤与要求		是	不适用
1.获取固定资产——机器设备评估申报表，与明细账、总账、报表进行核对			
2.了解固定资产——设备类的概况，明确价值定义			
3.查验重要设备的合同、购买发票、技术指标等资料			
4.对运输设备应当查阅车辆行驶证；对锅炉、电梯、化工设备等特种设备应当查阅年检记录			
5.权证或证明文件名称不符的，应要求企业及相关单位出具说明			
6.查清设备有无涉及诉讼事项及抵押、担保事宜，如有，应当查明原因，并在评估报告中揭示			
7.实地查勘评估对象，填写设备清查核实表和重要设备作业分析表。现场查勘时，对于重大评估项目应拍摄现场实物照片，被评估单位不允许拍照的应要求其出具说明。清查结果与申报不一致的，应要求被评估单位修改机器设备评估申报表			
8.对原打包入账的设备，尽可能进行分项评估			
9.如存在待处理的情形，应查明原因，获得被评估单位有关说明材料及批准文件			
10.如存在需要修复使用的设备，应说明损坏的具体情况，并测算修复费用			
11.收集评估值确定的询价证据及其他依据资料			
12.选定评估方法，逐项或分类说明评估值的确定过程			
13.核实其他需要说明的事项			
14.如有评估增减值，分析评估增减值的原因			
15.有无需要在评估报告中特别说明的事项			
说明与备注：			

复核人签名：　　　　　　　　复核日期：

（七）出具评估报告

××资产评估有限公司于2017年2月1日向委托方提交最终的评估报告。因篇幅有限，本报告省略附件内容。

封 面

A公司拟抵押贷款涉及的机器设备资产评估报告

评字（2017）第5号

委托方：

受托方：

评估目的：

评估基准日：

提交报告日期：

目　录

第一部分　声明

A公司：

我公司接受贵公司的委托，遵守法律法规和《资产评估准则》的规定，履行了适当的评估程序，并形成了资产评估报告书，我们对评估结果进行如下声明：

1. 委托人或者其他资产评估报告使用人应当按照法律、行政法规的规定和本报告载明的使用范围使用本报告；委托人或者其他资产评估报告使用人违反前述规定使用本报告的，本评估机构及资产评估专业人员不承担责任。

2. 本报告仅供委托人、资产评估委托合同中约定的其他资产评估报告使用人，以及法律、行政法规规定的资产评估报告使用人使用；除此之外，其他任何机构和个人不能成为本报告的使用人。

3. 本机构及资产评估专业人员提示资产评估报告使用人应当正确理解评估结论，评估结论不等同于评估对象可实现价格，评估结论不应当被认为是对评估对象可实现价格的保证。

资产评估师：

资产评估师：

××资产评估咨询有限公司

年　月　日

第二部分 摘要

A公司：

本公司接受贵公司的委托，根据国家有关资产评估的规定，本着客观、独立、科学的原则，按照公认的资产评估方法，对贵公司拟进行抵押贷款所涉及的资产进行了客观评估。

因本次评估的目的是为委托方拟进行抵押贷款所涉及的资产提供价值参考，故本报告提供的价值是评估对象在评估基准日、在评估报告的全部限制条件下，市场为自由开放、完全竞争状态下的公开市场价值。所谓市场价值，是指自愿买方和自愿卖方在各自理性行事且未受任何强迫的情况下，评估对象在评估基准日进行正常公平交易的价值估计数额。

资产评估的基本方法有市场法、收益法和成本法。本次评估的对象为机器设备，结合本次评估的目的，根据评估对象的资产特征和状况，考虑到委托评估机器设备的重置成本和各项贬值可以合理估算，被评估车辆二手市场发育成熟，委托评估的提取浓缩工段具有独立的获利能力或获利能力可以量化，评估人员分别选择成本法、市场法和收益法对委托评估资产进行评估。

评估人员按照必要的评估程序对委托评估的资产实施了实地勘察、市场调查与询证，经过科学公正的评定估算，委托评估的资产在____年__月__日账面原值为____元、账面净值为____元，经评估的市场价值为____元，大写：____，评估减值____元。

以上内容摘自“评字（2017）第5号”资产评估报告书，欲了解本评估项目的全面情况，应认真阅读资产评估报告书全文。

本摘要与评估报告正文具有同等法律效力。

第三部分　资产评估报告书正文

目　录

资产评估报告书正文

评字（2017）第5号

××资产评估有限公司接受A公司的委托，遵循有关法律法规和《资产评估准则》的规定，本着客观、独立、科学的原则，按照公认的资产评估程序和评估方法，对委托评估的资产进行了评估，评估人员对委托评估的资产实施了实地勘察、市场调查与询证，对委托评估资产在____年__月__日所表现的市场价值做出了公允反映，现将资产评估情况及评估结果报告如下：

一、委托方、产权持有者和委托方以外的其他评估报告使用者

本次评估的委托方及产权持有者均为____________，委托方以外的其他评估报告使用者为贷款发放银行和他项权利登记部门。

名称：

地址：

法定代表人姓名：

注册资本：

公司类型：

经营范围：

该公司坐落在××市××区××路××号，占地面积约206亩，现有片剂、胶囊剂、颗粒剂、口服液、提取等多条新引进的先进生产流水线，以及全新建造的GMP标准生产厂房和办公大楼。该公司是一家集科研、生产、销售为一体的高新技术企业、××市百亿投资工程重点企业。该公司现有员工500多人，工程技术人员占40%，其中博士8人、硕士20人，具有各种职称的中高级职员85人。该公司拥有国家专利品种、国家中药保护品种、全国医药保健等新产品近十种，以全国独家生产的纯中药制剂“胆力丹参片”“宏大康胶囊”为龙头产品，又以“护肝宁片”“柴黄片”为销售亮点，实现了产品从质量优势、外包装到价格的市场体系定位。该公司正以腾飞的姿态进行规范化、规模化、现代化、集团化经营管理，跻身于先进高新科技企业的前列。该公司于2004年11月26日通过了国家食品药品监督管理局的GMP认证，现已建成提取车间，口服、固体颗粒制剂车间；剂型有片剂、胶囊剂、口服液、颗粒制剂等，每年产量片剂可以达到20亿片、胶囊10亿粒、口服液6 000万支、药材前处理3 000吨。

二、评估目的

三、评估对象和评估范围

四、价值类型及其定义

因本次评估的目的是为A公司拟进行抵押贷款所涉及的资产提供价值参考依据，故本评估报告提供的价值是评估对象在评估基准日、在评估报告的全部限制条件下，市场为自由开放、完全竞争状态下的公开市场价值。

所谓市场价值，是指自愿买方和自愿卖方在各自理性行事且未受任何强迫的情况下，评估对象在评估基准日进行正常公平交易的价值估计数额。

五、评估基准日

1. 根据我公司与A公司签订的资产评估业务合同书，结合委托方的要求，本次评估基准日设定为____年__月__日。

2. 评估中一切取价标准均为基准日有效的价格标准。

3. 选择上述时点为此次评估的基准日，是为了保证评估结果有效地服务于评估目的，合理选择作价依据、价格标准、评估方法和评估技术参数。

六、评估依据

（一）法律法规依据

1. 中华人民共和国资产评估法；

2. 企业国有资产评估报告指南；

3. 金融企业国有资产评估报告指南；

4. 资产评估执业准则——企业价值；

5. 资产评估价值类型指导意见；

6. 资产评估基本准则；

7. 资产评估职业道德准则；

8. 资产评估执业准则——资产评估报告；

9. 资产评估执业准则——资产评估程序；

10. 资产评估执业准则——资产评估委托合同；

11 资产评估执业准则——资产评估档案；

12. 资产评估执业准则——机器设备。

（二）经济行为依据

A公司与××资产评估有限公司签订的资产评估业务合同书。

（三）产权依据

A公司向××资产评估有限公司提供以下产权依据：

1. 委托方营业执照（复印件）；

2. 委托方提供的部分机器设备购置发票、购销合同（复印件）；

3. 委托方提供的资产评估申报明细表；

4. 委托方提供的承诺函等相关资料。

（四）取价依据

1. 委托方提供的估价对象有关资料；

2. 国家有关部门公布的物价指数；

3. 资产评估常用数据与参数手册；

4. 评估人员现场勘察、市场调查所获取的有关证据、资料；

5. 中国机电产品报价手册。

七、评估方法

资产评估的基本方法有市场法、收益法和成本法。本次评估对象为机器设备，结合本次评估的目的，根据评估对象的资产特征和状况，考虑到委托评估机器设备的重置成本和各项贬值可以合理估算，被评估车辆二手市场发育成熟，委托评估的提取浓缩工段具有独立的获利能力或获利能力可以量化，评估人员分别选择成本法、市场法和收益法对委托评估资产进行评估。

（一）重置成本的确定

重置成本的确定，对于记录了详细规格型号、市面上又能找到相同或近似规格的设备，采用市场询价法确定；对于没有规格型号的、已停产的或者根据规格型号难以在市场上查询到相关售价的设备，采用物价指数法确定。

1. 市场询价法

通过市场调查有关价格资料，获取设备的现行价格，确定重置成本。

2. 物价指数法

重置成本=购建成本×（基准日物价指数÷购建日物价指数）

（二）成新率确定

由于本次委托评估设备未出现开工不足或未能充分利用的状况，故不考虑经济性贬值。综合成新率主要考虑设备的实体性贬值，即以各类设备的耐用年限和已使用年限为基础，计算设备的年限法成新率；通过现场观察、询问，了解设备的完好率、使用和维修状况、故障率、工作环境等，采用打分的方式确定观察法成新率；最后，根据设备的现状确定各成新率权重来计算综合成新率。对于采用物价指数法计算重置成本的机器设备，还应考虑其技术进步结果导致的功能性贬值。

成新率计算公式为：

年限法成新率=尚可使用年限÷（已使用年限+尚可使用年限）×100%

观察法成新率=$\sum$(各部分价值占总体价值比率×各部分成新率)

（三）评估值的计算

评估值=重置成本×成新率

八、评估程序实施过程和情况

（一）前期准备阶段

1. 明确此次评估的目的、对象、范围及评估基准日；

2. 签订资产评估业务合同书；

3. 依据初步调查了解的情况，拟定了评估的总体方案和现场实施方案。

（二）资产清查核实阶段

1. 根据评估需要，协助并指导产权持有者进行资产清查，填报资产评估申报明细表；

2. 根据产权持有者提供的资产评估申报表，核对各项目明细账与总账、报表的余额是否相符；

3. 听取产权持有者有关人员对企业及委托评估资产状况（包括历史和现状）的介绍；

4. 对产权持有者填报的资产评估申报表进行核查，并与财务账表记录进行核对；

5. 核实产权持有者填报的有关资料，搜集产权证明文件；

6. 进行现场实物核实，察看资产状况并做好记录，向资产管理人员了解资产的经营、管理状况。

（三）评定估算阶段

1. 根据委托评估资产的特点，选择具体的评估方法；

2. 查阅委托评估资产的产权证明文件、购建协议等有关资料；

3. 收集价格信息，开展市场调研询价工作；

4. 对各项委托评估资产进行数据处理，分项评定估算，并初步汇算出评估价值。

（四）评估汇总阶段

根据各专业评估小组对各类资产评估的初步结果，进行汇总分析，检查并确认有无错、漏、重评的情况，进行必要的调整、修改和完善。

（五）提交报告阶段

评估小组组织讨论并分析评估结果，撰写评估报告，组织审查评估报告，汇总工作底稿。最后，向委托方提交资产评估报告书。

九、评估假设

1. 假设评估对象所涉及的资产是在公开市场上进行交易的，在该市场上，买者与卖者的地位平等，彼此都有获取足够市场信息的机会和时间，买卖双方的交易行为都是在自愿、理智、非强制条件下进行的，评估结果是对评估对象最可能达成的交易价格的估计。

2. 假设在评估目的中的经济行为实现后，评估对象所涉及的资产将维持评估基准日的状态。

3. 假设评估对象所涉及的资产的购置、取得、销售均符合国家有关法律法规的规定。

4. 假设评估对象所涉及的资产均无附带影响其价值的权利瑕疵、负债和限制，假设与之相关的税费、各种应付款项均已付清。

5. 假设评估对象所涉及的相关资产中不存在对其价值有不利影响的有害物质，资产所在地无危险物及其他有害环境条件对该资产价值产生不利影响。

6. 假设评估对象所涉及的资产无影响其持续使用的重大质量缺陷。

7. 假设评估对象所涉及的企业在评估目的中的经济行为实现后，仍将按照原有的经营目的、经营方式、财务结构，并在所处行业状况及市场状况下持续经营下去。

8. 假设国家的产业政策、金融政策、税收政策等宏观环境相对稳定。

9. 假设委托方提供的资料具有真实性、合法性和完整性。

以上评估假设条件发生变化时，评估结果一般会失效。

十、评估结论

本公司根据评估目的，遵循评估原则，按照评估工作程序，选取科学的方法，在认真分析现有资料的基础上，经过周密准确的测算，最后得出A公司委托评估应用于本报告所列评估目的资产在评估基准日____年__月__日账面原值为________元、账面净值为________元，经评估的市场价值为________元，大写：________，评估减值________元。

十一、特别事项说明

1. 除有特别说明外，本次评估我们未考虑资产已经存在或将来可能承担的质押、保险、欠债或出售时应承担的费用和税费等可能影响其价值的任何限制，未考虑特殊交易方式对评估结论的影响。

2. 本评估报告中的“评估值”是指资产在现有用途不变，并在评估假设的前提下能持续经营，以及在评估基准日财务状况和外部环境状况前提下，为本评估报告所列明评估目的和评估基准日，经评估而提出的公允价值意见。

3. 本次评估范围为产权持有者的机器设备，评估报告中所涉及的委托评估设备数量、账面价值、启用日期、规格型号、生产厂家等资料均由委托方提供，其真实性由委托方负责。

4. 本评估报告所涉及的法律权属文件及其他证明资料由产权持有者提供，评估人员未向有关部门核实。评估人员仅对评估对象价值进行估算并发表专业意见，不视为对评估对象法律权属的确认或发表意见，也不为评估对象的法律权属提供保证，不承担与评估对象所涉及的资产产权有关的任何法律事宜。

5. 我们已对评估实物资产的外观、使用现状、使用环境等进行了实地查看并进行了记录，但仅限于评估对象的外观与目前维护状况，尤其因提供资料有限，我们不承担对评估对象质量、技术状态、相应权益的责任，也不承担对其他被遮盖、未暴露及难以接触到的部分进行检测的责任。

6. 本公司仅对评估程序和方法的合规性、合理性和科学性负责，评估报告使用者根据评估结果做出的任何经济行为决策均由评估报告使用者自行决定，本公司和签字评估师不对评估报告使用者的决策产生的不良后果承担责任。

7. 本评估报告只能用于报告中已载明的评估目的，不能用于其他目的，因评估报告使用者使用不当造成的后果与签字评估师和本公司无关。

8. 如评估基准日后资产数量发生变化，应根据原评估方法对资产额进行相应调整；如资产价格标准发生变化，并对资产评估产生明显影响，委托方应及时聘请评估机构重新确定评估值。

9. 本评估报告是反映评估对象在本次评估目的下，根据公开市场原则确定的现行公允市价，没有考虑特殊交易方式可能追加付出的价格等对其评估值的影响，也未考虑国家宏观政策发生变化以及遇到自然力和其他不可抗力对资产价格的影响。

10. 评估报告中陈述的特别事项是指在已确定评估结果的前提下，评估人员揭示在评估过程中发现的可能影响评估结论，但非评估人员执业水平和能力所能评定估算的有关事项。

我们提请评估报告使用者应注意特别事项对评估结论的影响。

十二、评估报告使用限制说明

1. 本评估结果是为____年__月__日这一评估基准日委托评估资产提出的公允价值意见，对由于权属而引起的法律纠纷，本评估机构不承担任何责任；对评估基准日以后资产价值发生的重大变化或资产发生灭失、毁损、短少等事项的，本评估机构不负任何责任。

2. 本评估报告只能用于评估报告载明的评估目的和用途。

3. 本评估报告只能由评估报告载明的评估报告使用者使用。

4. 未征得本评估机构同意，评估报告的内容不得被摘抄、引用或披露于公开媒体，法律法规规定以及相关当事方另有约定的除外。

5. 本评估报告结论的有效使用期限按现行规定为壹年，即____年__月__日至____年__月__日内有效。

6. 若在评估基准日至评估报告有效使用日期之间发生上述其他重大事项，评估报告使用者不能直接使用该评估报告的结论。

十三、评估报告提出日期

××资产评估有限公司于____年__月__日接受A公司的委托，于____年__月__日向委托方提交资产评估报告书。

十四、资产评估师签字盖章、评估机构盖章

资产评估师：

资产评估师：

××资产评估有限公司（盖章）

____年__月__日

第四部分　附件

1. 固定资产——机器设备评估申报明细表；
2. 委托方营业执照（复印件）；
3.××资产评估有限公司资产评估资格证书（复印件）；
4.××资产评估有限公司营业执照（复印件）；
5. 评估师资格证书（复印件）；
6. 委托评估资产现场拍摄照片。

实验二　A公司抵押机器贷款评估项目参考答案

实验三 B公司商标权投资价值评估项目

一、实验目的

通过本项目实验，达到掌握无形资产——商标权投资价值评估基本方法和应用技巧的目的。

二、实验项目

B公司拟发起设立股份有限公司，其主要产品和经营性资产均投入拟设立的股份有限公司。B公司是全国性的生产农用机车的企业，主要产品的商标为兴乐牌注册商标和兴发牌注册商标，由文字和图案构成。兴乐牌和兴发牌两个商标为企业自创商标，注册日期为2012年12月10日，经核定，使用商品为第十二类，即农用运输车等。目前B公司注册商标的主要产品有兴乐牌三轮农用运输车和兴发牌四轮农用运输车，市场占有率高，在用户中享有很好的口碑，能够为企业带来良好的经济效益。

三、实验资料

××资产评估有限公司派出陈路和黄新两位评估人员去现场初步查看B公司的相关文件资料。通过现场交流和沟通，××资产评估有限公司了解了本次评估的评估目的、评估基准日、评估对象和评估范围、时间要求等基本事项，确定接受委托。本项目的评估基准日为2016年12月31日。

（一）相关文件资料

评估依据的相关资料包括兴乐牌商标注册证书、B公司前三年及评估基准日财务报表及相关资料、主要客户及市场概况、原机械部《农用运输车市场需求与产品结构构成研究》调研报告、国家农用车产业的有关政策、B公司发展战略规划及其他。

（二）产品及市场状况

农用机车市场面临激烈的竞争，而B公司的产品销售在最近五年仍然保持良好的发展势头，三轮和四轮农用车市场占有率为20%左右；该公司积极开拓海外市场，在东南亚和非洲建厂生产、销售农用车。

兴乐牌三轮农用运输车和兴发牌四轮农用运输车具有较高的质量，平均故障里程在2 600千米以上，优于国家标准，居同行业领先地位。2013年，兴乐牌和兴发牌农用机车均获得中国质量管理协会“全国用户满意产品”荣誉称号。

其他评估资料详见表3-1、表3-2。

表3-1　**商标权评估申报表**

被评估单位：B公司　　评估基准日：2016年12月31日

序号	商标注册证号	商标名称	有效期	原始价值（万元）	账面价值（万元）
1	45017892	兴乐牌	10年	12 000.00	8 400.00
2	45017996	兴发牌	10年	1 689.00	1 182.30
合计				13 689.00	9 582.30

填表人：张明明

表3-2　**前三年公司销售情况统计表**

年份	2013		2014		2015	
品种	销量（辆）	单价（万元）	销量（辆）	单价（万元）	销量（辆）	单价（万元）
三轮	50 180	1.10	51 048	1.10	58 172	1.20
四轮	6 966	1.20	7 031	1.20	7 652	1.30

（三）其他相关资料

1.营业收入预测

依据企业前三年的实际产销情况、财务状况和企业发展规划，同时考虑到目前同行业竞争情况的影响，预测期营业收入是按各商标所属产品前三年实现营业收入的算术平均数计算的，且假设预测期各年营业收入是均衡的。

2.超额收益预测

截至2016年，全国登记的农用运输车企业共有350家，该公司两个品牌的农用车产量居同行业前列。预测期各年所获取超额收益占预测期各年营业收入的比例为3%。

3.收益年限

从技术上来看，农用车的构造相对简单，易于展开生产，行业整体技术水平不高并且行业竞争激烈，综合考虑企业在行业中的地位和技术水平，可以确信商标带来超额收益的年限为五年。

4.折现率

折现率可以根据一年期银行存款利率2%和风险报酬率6%共同确定。

四、实验方法

在资产评估实务中，商标权通常采用收益法进行评估。需要注意的是，应合理确定超额获利能力和预期收益，分析与之有关的预期变动、收益年限，与收益有关的资金规模、配套资产、现金流量、风险因素及货币时间价值。同时，要充分考虑法律法规、宏观经济环境、市场发展情况和前景、产品生命周期、市场占有率和竞争能力等因素对商标权收益期、收益额和折现率的影响。计算公式为：

$$P=\sum_{i=1}^{n}\frac{R_i}{(1+r)^i}$$

式中：P为商标权的价值；R_i为第i年预期超额收益；r为折现率；n为收益年限；i为折现年份。

五、实验要求

（一）编制企业营业收入统计分析表（详见表3-3）

表3-3 **前三年企业营业收入统计分析表** 单位：万元 索引编号：

项目 \ 年度		2013	2014	2015	备注
三轮车	销量（辆）				
	均价（万元/辆）				
	收入（万元）				
四轮车	销量（辆）				
	均价（万元/辆）				
	收入（万元）				
其他产品销售收入（万元）					
调整及说明事项：					

（二）编制兴乐牌商标权评估作业表（详见表3-4）

表3-4　　兴乐牌商标权评估作业表　　单位：万元　索引编号：

序号	项目名称	2016年	2017年	2018年	2019年	2020年	合计	备注
1	销售收入							
2	商标权占收入比							
3	商标权超额收益							
4	折现率							
5	现值							

（三）编制兴发牌商标权评估作业表（详见表3-5）

表3-5　　兴发牌商标权评估作业表　　单位：万元　索引编号：

序号	项目名称	2016年	2017年	2018年	2019年	2020年	合计	备注
1	销售收入							
2	商标权占收入比							
3	商标权超额收益							
4	折现率							
5	现值							

（四）编制商标权评估明细表（详见表3-6）

表3-6　　商标权评估明细表　　索引编号：

被评估单位：　　评估基准日：　年　月　日　　金额单位：人民币元

序号	商标权名称	注册证编号	取得方式	取得日期	剩余有效年限	原始入账价值	账面价值	评估价值	增减值	增值率（%）	备注

被评估单位填表人：　　填表日期：　年　月　日

（五）编制商标权评估程序复核表（详见表3-7）

表3-7　　商标权评估程序复核表　　索引编号：

评估程序	评估人员	审核人员
1.取得被评估单位填制的无形资产——商标权评估申报表，进行账账、账表核对，填制账账、账表核对记录表		
2.明确评估对象与范围，填写无形资产——商标权评估明细表中的相关内容		
3.证明与鉴定商标权存在：取得商标注册书复印件和商标使用许可合同书		
4.收集收益法评估无形资产——商标权所需的相关资料		
4.1获取前三年企业营业收入统计分析表		
4.2预测商标权未来获取的超额收益		
4.3确定商标权评估使用的折现率		
5.评定估算，计算商标权的评估值		
6.填写本实验项目的评估程序复核表		
7.编写专利权评估说明		

（六）编写商标权评估说明

实验三　B公司商标权投资价值评估项目参考答案

实验四 ××土地使用权出让底价评估项目

一、实验目的

通过本项目实验，达到掌握不动产评估——土地使用权出让底价评估基本方法和应用技巧的目的。

二、实验项目

2017年6月，××资产评估有限公司接受M市国土资源局委托，对M市某国有建设用地使用权出让底价进行评估。根据M市住房和城乡规划建设委员会《关于重新提供M市××区地块建设用地规划设计条件的复函》的文件精神，委托评估宗地地块面积为63 278.12平方米，根据设计条件，该用地为城镇住宅用地、商务服务业设施用地。估价设定土地用途为城镇住宅用地、商业服务业设施用地。

三、实验资料

（一）拟出让土地使用权评估地价定义表

根据委托方提供的资料及评估人员现场查勘并结合本次评估目的，估价对象利用现状、规划条件及评估设定用途、估价土地使用年限、实际及设定开发程度等地价定义详见表4-1。

（二）估价对象具体资料

1.委托估价方

委托单位：M市国土资源局

单位地址：M市××大道205号

2.估价对象具体概况

（1）城市资源状况

M市位于中国西南边陲、××区西南部、北回归线以南，原为××地区公署的一部分。M市东北部与省会相邻，西南部与越南接壤，边境线长533千米，是××边境线陆路最长的地级市；处于华南经济圈、西南经济圈和东盟经济圈交汇的中心地带，处在“南宁—谅山—河内—海防—广宁”经济走廊的大通道上。

表4-1 **估价对象地价定义一览表**

宗地名称		M市××区LJ04-11-01地块
估价基准日		2017年7月1日
估价土地面积		总用地面积63 278.12平方米（合计94.92亩）
土地位置		M市林西桥头
宗地四至		东临香林大桥，南临金塘路，西临规划路，北临规划路
土地形状		较规则多边形，对土地利用无影响
临街状况		四面临街，距市级商业中心约2千米
土地开发程度		宗地实际开发程度为宗地外“五通”（通路、通上水、通下水、通电、通信，下同）、宗地内场地平整，宗地地势较低、平坦且地上有大量绿色植物及部分破损建筑物，现状为空置地
价格类型		公开市场条件下国有建设用地使用权公开出让价格
土地权利状况		土地所有权为国有，现M市国土资源局拟以招标拍卖挂牌方式出让该建设用地使用权，根据评估目的，估价设定建设用地使用权类型为出让，设定土地权利状况完整
土地使用条件	土地用途	规划用途为城镇住宅用地、商业服务业设施用地。估价设定用途为城镇住宅用地、商业服务业设施用地
	土地级别	住宅二级、商业二级及三级
	土地使用年限	根据住宅用地法定最高出让年限设定为70年，商业用地法定最高出让年限设定为40年（自估价基准日起）
	规划设计条件	根据M市住房和城乡规划建设委员会《关于重新提供M市××区LJ04-11-01地块建设用地规划设计条件的复函》（×建函〔2016〕132号）的文件精神，并结合最有效利用原则，设定容积率为3.4，建筑密度≤28%，绿地率≥35%
备注		本项评估的地价内涵是指在公开市场条件下，在上述估价基准日时设定的土地权利状况、土地开发程度和土地使用条件下的国有建设用地使用权出让价格

M市人民政府驻××区××镇石林大道，总面积17 440平方千米，有国家一类口岸3个、二类口岸4个、边民互市点13个；全市人口242万，其中壮族人口占总人口的88.3%。自古以来，M市为壮族先民骆越民族聚居之地。

（2）房地产市场状况

2016年，M市共计完成城乡建设领域投资256.25亿元，其中城市基础设施完成投资165.73亿元、房地产领域完成投资115.32亿元、建筑业完成总产值36.38亿元。2016年，M市依然以中心城市发展为重点，以建设河谷城镇群带为抓手，大力推进城镇化进程。2017年年底，全市城市建成区面积将达到180平方千米，比2016年增加12平方千米；城镇化率达到47.8%，比2016年增加3个百分点。

（3）产业政策

M市积极推动区域合作和沿边开发开放。面向东南，积极推进南北钦防玉崇百一体化进程，主动融入左江—珠江经济带建设，深化在产业园区建设、产业扶贫、项目招商、劳务输出、经贸、教育、科技、人才培养等领域的交流合作。面向大西南，与云南、贵州开展煤炭、电力、交通、旅游等方面的合作。面向以越南为主的东盟国家，积极参与中国-东盟自由贸易区合作，加快推进M市沿边开发开放试验区前期工作，加快跨境经济合作区建设，扩大与越南在国际道路客货运输、边境旅游等方面的合作成果。推动以M市—N市为枢纽辐射中国西南、越南以及东盟各国的国际路网建设。

M市积极发展对外贸易。落实国务院促进贸易便利化、推动进出口稳定发展的相关措施，利用好边贸扶持政策，提升口岸服务功能，推进更多国家一类口岸正式开放，完善13个边民互市点基础设施，做大做强边境贸易和边民互市贸易；培育壮大一批重点外贸企业，保持糖业、碳电极、铝型材、电解金属锰等拳头产品出口稳定增长；力争全年实现外贸进出口总额增长16%。

M市加大招商引资力度。抓好招商引资基础工作，结合产业结构调整，完善招商引资项目库、客商资源库，完善招商政策和鼓励措施；鼓励以商引商、代理招商、网上招商；加强与央企、国内外强优企业对接合作，加大对长三角、珠三角等重点区域的招商引资力度，延伸产业链，打造新产业；力争全年招商引资区外境内到位资金650亿元以上。

（4）城市规划与发展目标

①城市规划。近期末（2017年）：中心城区总人口60万人，城镇建设用地规模80平方千米，人均110平方米；中期末（2020年）：中心城区总人口80万人，城镇建设用地规模95平方千米，人均118.75平方米；远期末（2030年）：中心城区总人口120万人，城镇建设用地规模144平方千米，人均120平方米。

②发展目标。2017年经济社会发展的主要预期目标是：地区生产总值增长10%；财政收入增长6%；固定资产投资增长10%；规模以上工业增加值增长13.2%；万元GDP能耗下降3.6%，有害气体排放量削减按××区下达指标执行；九年义务教育巩固率81%，高中阶段毛入学率79%；社会消费品零售总额增长15%；外贸进出口总额增长15%；城镇居民可支配收入增长113%；农民人均纯收入增长17%；城镇登记失业率控制在4%以内；人口自然增长率控制在8.5‰以内；居民消费价格指数涨幅控制在5%左右。

（5）城市社会经济发展状况

2016年，M市实现地区生产总值928亿元，同比增长9%。其中，第一产业完成196.7亿元，同比增长7%；第二产业完成456.3亿元，同比增长10%；第三产业完成275亿元，同比增长9%。全社会固定资产投资820亿元。财政收入完成107.7亿元，同比增长9.8%。年末金融机构存款余额758亿元、贷款余额592亿元，分别增长

12.1%和14.7%。

M市全部工业总产值1 116亿元，同比增长12%；规模以上工业增加值350亿元，同比增长11%。工业投资完成285亿元。生态型铝产业示范基地建设加快，全市铝产业完成总产值600亿元，同比增长24%。工业园区完成工业总产值875亿元，同比增长14%。全市新增亿元以上企业9家，新增规模以上企业41家。

M市三次产业结构由2016年的18.5∶55.5∶26调整为17.8∶55∶27.2。铝基和锰基新材料、非冶金铝、节能环保型金属、高端装备制造、碳酸钙、林木加工、电子信息等新产业加快发展。规模以上万元工业增加值能耗同比下降5.3%，万元工业增加值水耗同比下降7.03%。新增非公企业3 275户、个体工商户1 236户。

在城镇建设方面，2003年以来，M市累计投入资金139.83亿元推进中心城市建设，城市面貌发生了巨大变化。中心城市建成区由建市时的7平方千米扩大到现在的28平方千米；城区绿地率由建市时的28.1%提高到现在的39.14%；人均拥有公共绿地面积由建市时的4.3平方米增加到现在的10.36平方米；城区道路由建市前的19.76千米、34.5万平方米增加到现在101千米、304万平方米；目前，龙峡山路西段延长线、环城东路改扩建、城南一路、中国-东盟（M市）区域性金融服务中心、东盟国际商务文化交流中心、旅游集散中心、体育中心、天然气管道、水口湖综合整治以及第×届园博园等项目建设进展顺利；M市东盟国际客运中心、壮族博物馆、会议中心竣工并投入使用，文化艺术中心基本完工；多家大酒店建成开业；留邕四所学校完成搬迁并顺利开学。

M市积极融入南北钦防玉崇百区域经济一体化，与多个市县签订跨市战略合作框架协议；与广东、云南、贵州在产业园区建设、能源、旅游等方面开展跨省合作；参与“美丽广西港澳行”活动，推动民企对接，与上海知名企业交流合作取得良好成效；与越南等东盟国家开放合作不断深化，M市沿边开发开放试验区、中国龙邦—越南茶岭跨境经济合作区建设扎实推进；招商引资到位资金670.6亿元，增长6%；对外贸易进出口总额7.75亿美元，增长15%。

3.区域因素

（1）区域概况

M市位于××区西南部，境内河流属左江水系，是滇、黔、桂三省（区）结合部、交通枢纽和边境物资集散地，直面东盟市场，是大西南出海的重要通道，是地级M市委、市政府所在地，是政治、经济、文化中心，具有特殊的区位优势。

（2）交通条件

M市地处通往东盟各国的大陆桥上，具有沿边、沿高速、沿铁路、邻首府的地理优势，还具有沿边、沿江、沿铁路、近海湾的区位优势；交通便利，南友高速公路已开通，合那高速公路过境，高速交通便捷，湘桂铁路、322国道贯穿南北，是中国南部边境线上唯一有铁路、公路与国内大交通网相连的陆路口岸城市。

公路：2010年，M市辖区内拥有公路4 493千米，其中一级公路2.18千米、二级公路116.65千米、三级公路745.07千米，公路密度25.86千米/百平方千米；所辖79个乡镇已通油路的有66个，未通油路的有13个；806个行政村中还有389个未通等级公路。市区距××市公路里程153千米，距出海港口防城港170千米。M市有16条公路纵横交错，M市至××市、××市分别只需1.5小时。

铁路：湘桂铁路过境，直达友谊关口岸，从M市前往××市只需2小时。

航空：M市紧邻××市××国际机场，航空优势明显。

水运：M市航道可通航里程583.5千米，有机动船169艘，其中客船63艘、货船106艘。2005年，M市航道总里程583.5千米，有机动船144艘，其中客船51艘、货船93艘。2006年，M市航道总里程583.5千米，有机动船148艘，其中客船61艘、货船87艘。

（3）基础设施条件

评估对象所在区域属M市××区，M市××区位于××区西南部，居左江中上游，水陆交通便利，水路经××市可直航广州、港澳，是桂西南地区交通枢纽和商品集散地；直面东盟市场，是大西南出海的重要通道；是地级M市委、市政府所在地，是政治、经济、文化中心，具有特殊的区位优势。2015年，M市深入开展重大城建项目“百日攻坚”活动，完成征地6 127亩，拆迁安置地块基础设施建设投资2 000多万元；投入3 000多万元实施“创卫”攻坚战，完善环卫基础设施，“创卫”工作通过了国家爱卫办暗访；新一轮“农村基础设施建设大会战”计划投资2.83亿元，已完成投资2.4亿多元，农村道路等基础设施不断完善；投入近9 000万元完成乡镇（街道）党政机关基础设施“五有一化”建设和村级组织活动场所建设，小城镇建设全面提速。综合评价，区域公共、基础设施条件较好。

（4）环境条件

评估对象所处区域属于××区，××区地处低纬度，属南亚热带季风气候，全年夏长冬短，气候湿润，春秋相似，日照多，热量充足，降雨量适中且比较集中，6—8月份的降雨量占全年的75%左右，平均年降雨量1 115毫米，年平均气温在22.1℃左右，全年无霜期为357天。综合评价，区域环境条件较好。

（5）产业集聚状况

××区产业基础雄厚。产业升级加快，结构更优；坚持把调结构、转方式作为重中之重，着力提升特色产业发展水平；新型工业化建设迈出新步伐，科技产业园道路、各乡镇电路改造等27个工业交通项目续建和新开工，2016年新签约重大项目15个，合同总投资128亿元，同比增长261.7%；招商引资到位资金52亿元，完成市下达任务的147.6%；现代农业特色彰显，甘蔗、水果、蔬菜种植面积、产量增长，养殖规模进一步扩大，新引进农业龙头企业6家；市场消费繁荣活跃，预计全年社会消费品零售总额完成39.07亿元，同比增长17.8%；接待游客446.61万人次，旅游综合收入32.09亿元，同比分别增长54.50%和186.50%；“白黑灰”三大支柱产业结构进一步完善，非公经济加快发展，32家规模以上企业中，非公企业有28家，占规模以上企业总数的87.5%。2016年全部工业增加值占GDP比重突破40%，标志着××区的工业化正由初期阶段向中期阶段迈进，进程将进一步加快。

（6）商服繁华度

评估对象所在区域为M市××区林西桥头，临近高速公路出口。由于目前该区域尚未发展起来，该区域的商业网点配套一般。从发展角度看，随着经济开发区的逐渐发展，商业地产的开发价值将得到充分体现，土地增值潜力较大。综合评价，区域商服繁华度一般。

（三）其他资料

1.土地等级

委托评估对象所在区域内新建或在建的商住小区数量较少，处于M市城区基准地价覆盖范围内，目前M市公布的基准地价是以2014年1月1日为基准日的。由于委托评估宗地位于M市东增路北侧，属于城市较边缘区域，该区域住宅用地及商业用地土地市场变化不大。该宗地居住用地面积占总用地面积的60%，商业用地面积占总用地面积的40%。其中，二级商业用地部分约占商业用地面积的30%，其余均为三级商业用地。

2.地价增长

根据中国地价监测网有关西南地区综合用地地价增长的数据，M市商住用地价格较平稳，波动不大。M市综合用地于估价基准日地价较2016年第一季度地价增长约4.48%，较2015年第二季度地价增长约8.37%。M市住宅用地于估价基准日地价较2012年地价增长约5.76%，商业用地估价基准日较2014年地价增长约2.746%。

3.商服繁华影响度

由高到低分为高、较高、一般、较低、低五个等级，以估价对象为100，每上升或下降一个等级，指数上升或下降5%。

4.干道等级

由高到低分为生活型主干道、生活型次干道和混合型次干道、交通型主干道、交通型次干道，每上升或下降一个等级，指数上升或下降5%。

5.区域公共、基础设施完备度

由高到低分为完善、较完善、一般、较不完善、不完善五个等级，以估价对象为100，每上升或下降一个等级，指数上升或下降5%。

6.对内公交便捷度

由高到低分为优、较优、一般、较差、差五个等级，每上升或下降一个等级，指数上升或下降3%。

7.对外交通便利度

由高到低分为优、较优、一般、较差、差五个等级，每上升或下降一个等级，指数上升或下降3%。

8.景观环境条件

由高到低分为优、较优、一般、较差、差五个等级，每上升或下降一个等级，指数上升或下降2%。

9.宗地形状

从劣到优分为很不规则、不规则、较不规则、基本规则、规则五等，每相差一个等级，指数相差2%。

10.宗地面积

由高到低分为适宜、较适宜、一般、较不适宜、不适宜，每上升或下降一个等级，指数上升或下降2%。

11.临街形式

由低到高分为背街、一面临街、二面临街、三面临街，每上升或下降一个等级，指数上升或下降1%。

12.其他资料

其他资料见后面的表。

四、实验方法

（一）成本法

成本法是以征用及开发土地所耗费的各项费用之和为主要依据，再加上一定的利润、利息、应缴纳的税金和土地增值收益来确定土地价格的估价方法。采用成本法估价时，适用的基本计算公式为：

划拨土地价格＝（土地取得费＋有关税费＋土地开发费＋投资利息＋投资利润）×区位条件修正系数

（二）市场法

市场法是根据市场中的替代原理，将委托评估土地与具有替代性且在估价期日近期市场上交易的类似地产进行比较，并对类似地产的成交价格做适当修正，以此估算委托评估土地客观合理价格的方法。市场法的基本公式为：

$V = VB \times A \times B \times C \times D \times E$

式中：V为委托评估宗地价格；VB为比较实例价格；A为委托评估宗地情况指数÷比较实例情况指数；B为正常情况指数÷比较实例情况指数；C为委托评估宗地估价期日地价指数÷比较实例宗地交易日期地价指数；D为委托评估宗地区域因素条件指数÷比较实例宗地区域因素条件指数；E为委托评估宗地个别因素条件指数÷比较实例宗地个别因素条件指数。

（三）基准地价系数修正法

基准地价系数修正法是利用城镇基准地价及基准地价系数修正表等评估成果，按照替代原则，就委托评估宗地的区域条件、个别条件、级别与其所处区域的平均条件相比较，并对照基准地价系数修正表选取相应的修正系数对基准地价进行修正，进而求取委托评估宗地在估价期日价格的方法。基准地价系数修正法的基本公式为：

设定开发程度下的宗地地价=基准地价×K1×K2×K3×（100+$\sum$K）÷100

式中：K1为土地使用年限修正系数；K2为估价期日修正系数；K3为容积率修正系数；∑K为宗地区域因素及个别因素修正系数之和。

（四）收益法

收益法是将委托评估土地未来正常年纯收益（地租）扣除政府规定收取的土地收益金，以一定的土地还原利率还原，以此估算委托评估土地价格的方法。收益法下无限年期土地价格计算公式为：

$$V=a\div r$$

式中：V为委托评估土地价格；a为土地纯收益（或地租）；r为土地还原利率。

（五）剩余法

剩余法又称假设开发法，是在预计开发完成后不动产正常交易价格的基础上，扣除预计的正常开发成本及有关专业费用、利息、利润和税收等，以价格余额来估算委托评估土地价格的方法。剩余法的基本公式为：

$$V=A-B-C$$

式中：V为委托评估土地价格；A为开发完成后的土地总价值或房地产总价值；B为整个开发项目的开发成本；C为开发商合理利润。

五、实验要求

（一）明确评估业务基本事项

了解和掌握资产评估机构在接受资产评估业务委托之前应当明确的基本事项。请填写资产评估项目风险评价表（表4-2）和评估业务基本事项记录表（表4-3）。

表4-2　　　　**资产评估项目风险评价表**　　　　索引编号：

序号	内　容
一	评估风险分析
1	委托方的风险分析： （1）委托方对评估值的要求：有□　无□ （2）委托方与被评估单位是否存在现时或潜在的利害关系：有□　无□　不清楚□
2	被评估单位的风险分析： （1）目前经营状况：盈利□ 亏损□ 停产□ （2）内部管理状况：管理规范□ 管理一般□ 管理混乱□ （3）配合评估的程度：配合良好□ 配合一般□ 不配合□ （4）企业环保情况：达标□　限期治理□　不达标□ （5）重大诉讼事项：有□　无□ （6）影响企业正常经营的重大事项：有□　无□ （7）资产对外抵押、担保事项：有□　无□ （8）资产对外租赁情况：有□　无□ （9）其他：

续表

序号	内容
3	评估人员操作能力及项目实施过程风险分析： (1) 评估人员的专业胜任能力：胜任□　能力不足□ (2) 获取评估基础资料的程度：齐全□　较齐全□　很少□ (3) 现场清查情况：能按操作程序进行清查□　勉强按操作程序进行清查□ 难以按操作程序进行清查□ (4) 函证情况：有部分回函□　无回函□　无法进行函证□ (5) 评估依据（包括询价记录、市场调查）：充分□　比较充分□　难以收集□ (6) 评估结果分析：合理□　比较合理□　具有一定风险□ (7) 评估工作底稿：完整□　比较完整□　不完整□ (8) 重大事项披露情况：已充分披露□　尚未披露□ (9) 其他：
4	评估时间要求的风险分析：时间很短□　正常□
5	权属状况的风险分析： (1) 股东权属情况：清晰□　不清晰□ (2) 车辆权证状况：全有□　部分有□　全无□ 权证与产权持有人：相符□　部分相符□ 抵押状况：无□　全部抵押□　部分抵押□ (3) 房产权证状况：有□　部分有□　全无□ 权证与产权持有人：相符□　部分相符□ 房产抵押状况：无□　全部抵押□　部分抵押□ (4) 土地权证状况：有□　部分有□　全无□ 权证与产权持有人：相符□　不相符□ 土地抵押状况：无□　全部抵押□　部分抵押□ (5) 其他无形资产权属情况：有权证□　无权证□ 权证与产权持有人：相符□　不相符□ 抵押状况：无□　有□
6	评估对象和评估范围的风险分析： (1) 评估对象和范围与评估业务合同书是否相符：相符□　不相符□ (2) 资产评估申报明细表获取情况：已提供□　已签字盖章□ 已提供□　未签字盖章□ (3) 其他：
7	评估报告使用中的风险分析： 评估报告使用者：委托方□　主管部门□　政府部门□　社会公众□　其他：
二	评估项目风险评价
1	无风险
2	有一定风险
3	风险很大

编制人：　　　　　　　　　　审核人：

表4-3　　**评估业务基本事项记录表**　　索引编号：

<table>
<tr><td>序号</td><td>项 目</td><td colspan="4">内 容</td></tr>
<tr><td>1</td><td>评估业务名称</td><td colspan="4"></td></tr>
<tr><td>2</td><td>评估报告文号</td><td colspan="4">评报字（　　）第　号</td></tr>
<tr><td>3</td><td>业务类型</td><td colspan="4">1.证券业务评估　2.非证券业务评估</td></tr>
<tr><td>4</td><td>评估业务接洽方式</td><td colspan="4">1.协议委托　2.招投标　3.其他：</td></tr>
<tr><td>5</td><td>评估报告日</td><td colspan="4">20　年　月　日</td></tr>
<tr><td>6</td><td>委托方</td><td colspan="4"></td></tr>
<tr><td>7</td><td>产权持有人</td><td colspan="4"></td></tr>
<tr><td>8</td><td>被评估单位</td><td colspan="4"></td></tr>
<tr><td>9</td><td>评估目的</td><td colspan="4"></td></tr>
<tr><td>10</td><td>评估基准日</td><td colspan="4">20　年　月　日</td></tr>
<tr><td>11</td><td>委托方以外的其他评估报告使用者</td><td colspan="4">监管部门 股东 债权人 社会公众 其他：</td></tr>
<tr><td>12</td><td>评估对象</td><td colspan="4">1.企业整体价值 2.全部股东权益价值 3.股东部分权益价值 4.单项资产 5.资产组合 6.金融不良资产 7.其他：</td></tr>
<tr><td>13</td><td>评估范围</td><td colspan="4"></td></tr>
<tr><td>14</td><td>主要资产所在地</td><td colspan="4"></td></tr>
<tr><td>15</td><td>价值类型</td><td colspan="4"></td></tr>
<tr><td>16</td><td>主要评估方法</td><td colspan="4">1.收益法 2.市场法 3.成本法 4.剩余法 5.基准地价系数修正法
6.采用____法和____法途径分别评估，经分析后，采用____法评估结果作为最终评估结论</td></tr>
<tr><td>17</td><td colspan="5">土地使用权评估结果（万元）</td></tr>
<tr><td>17-1</td><td>项 目</td><td>调整后账面值</td><td>评估值</td><td>增值额</td><td>增值率（%）</td></tr>
<tr><td>17-2</td><td>土地使用权</td><td></td><td></td><td></td><td></td></tr>
<tr><td>17-3</td><td>合 计</td><td></td><td></td><td></td><td></td></tr>
<tr><td>18</td><td>签字评估师</td><td colspan="4"></td></tr>
<tr><td>19</td><td>委托方</td><td colspan="4">联系人：
联系电话：</td></tr>
<tr><td>20</td><td>被评估单位</td><td colspan="4">联系人：
联系电话：</td></tr>
<tr><td>21</td><td>审计机构</td><td colspan="4">机构名称：
联系人：　联系电话：</td></tr>
<tr><td>22</td><td>土地估价机构</td><td colspan="4">机构名称：
联系人：　联系电话：</td></tr>
<tr><td>23</td><td>券商</td><td colspan="4">机构名称：
联系人：　联系电话：</td></tr>
<tr><td>24</td><td>其他</td><td colspan="4"></td></tr>
</table>

编制人：　　审核人：

（二）签订资产评估业务合同书

资产评估业务合同书 索引编号：

甲方（委托方）：____

乙方（评估机构）：____

甲方需对其委托评估范围内的资产进行评估，经双方协商，就委托事项协议如下：

一、评估业务基本内容

1. 产权持有者名称：

2. 资产评估目的：

3. 资产评估对象：

4. 资产评估范围：

5. 资产评估基准日：____年__月__日

6. 价值类型：

7. 资产评估报告使用方：

二、甲方的责任和义务

1. 甲方应当为评估人员执行评估业务提供必要的工作条件和协助；根据评估业务需要，负责评估人员与相关当事方之间的协调。

2. 在评估人员的指导和参与下，产权持有者对委托评估资产及有关债权、债务在____年__月__日进行全面清查并按评估要求填写各资产、负债资产评估申报明细表及有关资料。

3. 甲方和产权持有者应及时提供评估机构所需的会计资料、房屋所有权证、土地使用证及其他产权证明文件等评估对象法律权属资料和与评估目的相关的经济情形的批准文件，根据乙方的要求收集提供评估所需的有关资料。

4. 产权持有者应配合评估人员进行现场查勘，如实提供机器设备，房屋建筑物维护保养、拆建拆除记录，如实反映库存物资的质量状况和账外实存资产等情况。

5. 甲方或者产权持有者应当对其提供的资产评估申报明细表及相关证明材料以签字、盖章或者其他方式进行确认。

6. 未征得乙方同意，评估报告内容不得被摘抄、引用或披露于公开媒体，法律法规规定以及相关当事方另有约定的除外。

7. 按资产评估业务合同书的规定及时足额支付评估费用。

三、乙方的责任和义务

1. 指导产权持有者进行企业清查、填报资产及收集、准备资料。

2. 按国家有关资产评估的法律法规、《资产评估准则》、《资产评估操作规范意见（试行）》及价值类型，对委托评估范围内的资产做出独立、客观、公正、科学的评估咨询结论。

3. 对申报评估资产进行抽查核实，实事求是地对资产进行实地调查、勘察。

4. 对在评估过程中知悉的关于委托方、产权持有者的商业和技术秘密保密。

5. 未经甲方书面许可，评估人员和评估机构不得将评估报告的内容向第三方提供或者公开，法律法规另有规定的除外。

6. 乙方应按约定的时间向甲方出具资产评估报告书，并对报告的质量负责。

四、评估收费

经双方协商确定，评估服务费为人民币____元（大写：____元整）。本合同书签订后，在外勤工作结束时支付50%，即____元；甲方在完成本次评估提交资产评估报告书时支付其余的50%，即____元；或于提交报告时一次性支付____元，以____方式支付。评估费用不包括评估人员交通、食宿费和需要专业机构检测的费用，若发生时另行约定。

五、评估报告提交期限和方式

乙方向甲方提交评估报告书共计____份，其中____份附带有关评估明细资料；这些报告由甲方分发、使用，资产评估报告书的使用权归甲方所有。

乙方应在甲方提供评估所需全部资料的基础上，在____年__月__日以乙方至甲方住所自取方式提交资产评估报告书，如遇特殊情况双方可协商解决。

六、基本责任和报告的使用责任

1. 遵守相关法律法规和《资产评估准则》，对评估对象在评估基准日特定目的下的价值进行分析、估算并发表专业意见，是评估师的责任；提供必要的资料并保证所提供资料的真实性、合法性、完整性，恰当使用资产评估报告是委托方和相关当事方的责任。评估师对评估对象的法律权属状况应当给予必要的关注，但不对评估对象的法律权属作任何形式的保证。

2. 评估报告的使用范围仅限委托方和业务合同书约定的其他评估报告使用者，国家法律法规另有规定的除外。任何未经甲、乙双方共同书面确认的机构或个人不能由于得到评估报告而成为评估报告使用者。评估报告中的评估结论仅供甲方为本业务合同书中的评估目的使用和送交财产评估主管机关审查使用。

3. 甲方应当合理使用评估报告，评估师和评估机构对委托方和其他评估报告使用者不当使用评估报告所造成的后果不承担责任。

七、约定事项的变更、业务合同书的中止及违约责任

1. 业务合同书各方发现相关事项约定不明确，或者实施评估程序受到限制需要增加、调整约定事项的，可以协商对业务合同书相关条款进行变更，评估目的、评估对象、评估基准日发生变化，或者评估范围发生重大变化，评估机构应当与委托方签订补充协议或重新签订业务合同书。

2. 当评估程序所受限制对与评估目的相对应的评估结论构成重大影响时，评估机构可以中止履行业务合同书；相关限制无法排除时，乙方可以解除业务合同书。

3. 签约各方因不可抗力无法履行业务合同书的，根据不可抗力的影响，部分或者全部免除责任，法律另有规定的除外。

4. 如因甲方原因致使本次评估工作中（终）止，乙方已收取的费用不退还，甲方另应支付乙方已完成工作量相应的评估服务费。如乙方因自身原因中途退出本次评估，乙方退还已收取的费用，并按合同约定收费金额的____支付甲方补偿金。

八、适用法律及争议解决

1. 本合同订立、效力、解释、履行及争议的解决均适用中华人民共和国法律。

2. 因履行本合同发生争议，由争议双方相互理解、协商解决；协商不成的，依法向人民法院起诉。

九、其他需要约定事项

十、业务合同书生效期

本约定书自签订之日起生效。本约定书一式两份，双方各执一份。

委托方（章）：　　　　　　　　　　　　评估机构（章）：

法定代表人（委托代理人）签章：　　　　法定代表人（委托代理人）签章：

（三）编制资产评估项目工作计划

请填写一份资产评估项目工作计划表，见表4-4。

表4-4　　　　　　**资产评估项目工作计划表**　　　　　　索引编号：

<table>
<tr><td>项目负责人：
报批日期：　20　年　月　日</td><td colspan="2">签字评估师：
审批日期：　20　年　月　日</td><td>项目经理：
审批日期：　20　年　月　日</td></tr>
<tr><td rowspan="9">项目基本情况</td><td colspan="3">委托方名称：</td></tr>
<tr><td colspan="3">被评估单位名称：</td></tr>
<tr><td colspan="3">评估目的：</td></tr>
<tr><td colspan="3">评估基准日：20　年　月　日</td></tr>
<tr><td colspan="3">评估对象：1.企业整体价值　2.全部股东权益价值　3.股东部分权益价值　4.单项资产　5.资产组合　6.金融不良资产　7.其他：</td></tr>
<tr><td colspan="3">评估范围：☐流动资产　☐长期股权投资　☐设备类资产
☐建筑物类资产　☐在建工程　☐划拨土地
☐无形资产（出让土地、专利、专有技术、商标、版权等）
☐其他资产（请注明：　　）☐负债</td></tr>
<tr><td colspan="3">资产量：总资产　万元，负债　万元，净资产　万元
其中：固定资产原值　万元，净值　万元
在建工程　万元；无形资产　万元
长期股权投资　万元，控股　家</td></tr>
<tr><td>主要资产分布地点</td><td colspan="2"></td></tr>
</table>

续表

<table>
<tr><td rowspan="8">评估人员</td><td>项目</td><td colspan="2">本部人员</td><td>外聘</td></tr>
<tr><td>项目负责人</td><td colspan="2"></td><td></td></tr>
<tr><td>流动资产及负债</td><td colspan="2"></td><td></td></tr>
<tr><td>设备及在建工程</td><td colspan="2"></td><td></td></tr>
<tr><td>建筑物及在建工程</td><td colspan="2"></td><td></td></tr>
<tr><td>土地使用权</td><td colspan="2"></td><td></td></tr>
<tr><td>其他无形资产</td><td colspan="2"></td><td></td></tr>
<tr><td>其他资产</td><td colspan="2"></td><td></td></tr>
<tr><td rowspan="5">评估进度</td><td>项目备案日期</td><td colspan="3">20　年　月　日</td></tr>
<tr><td>现场工作时间</td><td colspan="3">20　年　月　日—20　年　月　日</td></tr>
<tr><td>汇总及出具初稿时间</td><td colspan="3">20　年　月　日—20　年　月　日</td></tr>
<tr><td>审核日期</td><td colspan="3">20　年　月　日—20　年　月　日</td></tr>
<tr><td>客户要求出报告日期</td><td colspan="3">20　年　月　日</td></tr>
<tr><td colspan="5">评估方法：1.收益法　2.市场法　3.成本法　4.剩余法　5.基准地价系数修正法　6.采用____法和____法途径分别评估，经分析后，采用____法评估结果作为最终评估结论</td></tr>
<tr><td colspan="5">价值类型：</td></tr>
<tr><td>项目风险初步分析</td><td colspan="4">1.评估报告的特殊使用：
2.评估资产的特殊性：
3.资产的权属状况：
4.被评估单位的内部管理：
5.评估人员的操作能力：
6.时间要求：
7.结论：</td></tr>
<tr><td>工作重点及风险控制措施</td><td colspan="4"></td></tr>
</table>

注：如果本项目编制了更为详细的操作方案，上述表格中的部分内容可填写为“详见操作方案”。在主管领导审核评估计划的同时，请报送一份操作方案。

(四)收集并分析被评估土地使用权相关资料(见表4-5)

表4-5　　　　土地登记及权利状况查验表　　　　索引编号:

<table>
<tr><td colspan="2">使用人</td><td></td><td>权证号</td><td colspan="2"></td><td>土地坐落</td><td></td></tr>
<tr><td colspan="2">四至</td><td colspan="6"></td></tr>
<tr><td colspan="2">使用权性质</td><td></td><td>土地用途</td><td colspan="2"></td><td>使用年限</td><td></td></tr>
<tr><td colspan="2">土地等级</td><td></td><td>他项权利</td><td colspan="2"></td><td></td><td></td></tr>
<tr><td rowspan="9">区域因素</td><td rowspan="2">商业繁华度</td><td colspan="6">宗地区域属商业服务中心级别:</td></tr>
<tr><td colspan="6">宗地区域内商业网点:□教育 □娱乐 □医疗 □银行 □邮局 □农贸市场等</td></tr>
<tr><td rowspan="4">交通条件</td><td>距市中心</td><td>千米</td><td>距火车站</td><td colspan="3">千米</td></tr>
<tr><td>距区中心</td><td>千米</td><td>距机场</td><td colspan="3">千米</td></tr>
<tr><td>公　交</td><td></td><td>距港口</td><td colspan="3">千米</td></tr>
<tr><td>轨道交通</td><td></td><td></td><td colspan="3"></td></tr>
<tr><td rowspan="2">环境质量优劣度</td><td>自然环境</td><td colspan="5">污染(□大气 □噪音 □水体 □土壤)□绿化 □景观</td></tr>
<tr><td>人文环境</td><td colspan="5">治安、居住区声望、居民素质情况:</td></tr>
<tr><td>基础设施状况</td><td colspan="6"></td></tr>
<tr><td rowspan="6">个别因素</td><td>临街状况</td><td colspan="6">□四面临街(路) □三面临街 □两面临街 □一面临街 □不临街</td></tr>
<tr><td>宗地面积</td><td colspan="6">面积:□大 □中 □小</td></tr>
<tr><td>形　状</td><td colspan="6">□规则 □较规则 □不规则</td></tr>
<tr><td>地形、坡度</td><td colspan="6">□平地;坡度:□0%~5% □5%~10% □10%~20% □大于20%</td></tr>
<tr><td>规划条件限制</td><td colspan="6">□无规划限制 □有规划限制</td></tr>
<tr><td>容积率</td><td colspan="6"></td></tr>
</table>

审核人员:　　　　　　　　　　评估人员:

(五)评定估算

编制表4-6、表4-7、表4-8和表4-9。

表4-6 **比较因素条件修正系数表** 索引编号：

比较案例		估价对象	案例A	案例B	案例C
位置					
交易价格（元/平方米）					
交易时间					
交易情况					
交易方式					
土地使用年限					
土地用途					
区域因素	距商服中心距离（米）				
	区域内道路类型				
	区域内基础设施完备度				
	对内公交便捷度				
	对外交通便利度				
	景观环境条件				
	区域土地利用类型				
个别因素	宗地形状				
	宗地面积（平方米）				
	容积率				
	临街形式				
	地形地质条件				
	宗地开发程度				

审核人员： 评估人员：

表4-7 **比较因素条件修正结果计算表** 索引编号：

比较案例	案例A	案例B	案例C
位置			
交易价格（元/平方米）			
交易时间			
交易情况			
交易方式			
土地使用年限			
土地用途			
区域因素			
个别因素			
修正系数合计			
比准价格（元/平方米）			
“五通一平”条件下市场比较法估价结果			

审核人员： 评估人员：

表4-8　　**住宅基准地价系数修正法计算表**　　索引编号：

			说明	修正系数
土地证号				
土地位置				
土地用途				
土地面积				
土地等级				
基准地价（级别价）				
容积率修正				
使用年期				
期日修正				
开发程度				
区域因素	距商服中心（米）			
	距集贸市场距离（米）			
	交通通达度			
	公交便捷度			
	对外交通便利度			
	区域基础设施状况			
	区域公用设施方便度			
	综合环境质量			
	未来规划土地用途			
个别因素	宗地临街状况			
	临近道路类型			
	建筑物朝向与采光			
	周围用地类型			
	宗地面积（平方米）			
	宗地形状			
	用地限制			
各地价影响因素修正系数之和				
土地使用权评估单价				

审核人员：　　　　评估人员：

表4-9　**商业基准地价系数修正法计算表**　索引编号：

土地证号			说明	修正系数
土地位置				
土地用途				
土地面积				
土地等级				
基准地价（级别价）				
容积率修正				
使用年期				
期日修正				
开发程度				
区域因素	距市级商服中心（米）			
区域因素	距区级商服中心（米）			
区域因素	距集贸市场距离（米）			
区域因素	交通通达度			
区域因素	公交便捷度			
区域因素	对外交通便利度			
区域因素	区域基础设施状况			
区域因素	人流量			
区域因素	未来规划土地用途			
个别因素	宽深比			
个别因素	宗地临道路类型			
个别因素	宗地临街方式			
个别因素	周围用地类型			
个别因素	宗地面积（平方米）			
个别因素	宗地形状			
个别因素	用地限制			
各地价影响因素修正系数之和				
土地使用权评估单价				

审核人员：　　　　　　　　　　评估人员：

（六）评估复核

编制土地使用权评估程序复核表，见表4-10；编制土地估价结果一览表，见表4-11。

表4-10 **土地使用权评估程序复核表** 索引编号：

评估程序	评估人员	复核人员
1.取得被评估单位填制的无形资产——土地使用权评估申报表，进行账账、账表核对，填制账账、账表核对记录表		
2.明确评估对象与范围，填写无形资产——土地使用权评估明细表中的相关内容		
3.现场勘测评估对象与范围		
3.1检查土地产权是否清楚，有无纠纷；明确土地产权性质是出让还是划拨，宗地划分是否合理，四至是否明确，是否存在他项权利等；编制土地登记及权利状况查验表		
3.2调查委托评估宗地所在市的自然条件（包括人口、面积、气候、水文、土壤）、行政区划、经济发展（包括经济结构、主要产品、工农业总产值、居民收入、社会投资状况等）、城市规划与城市性质、产业政策（与估价对象相关的产业分布、产品销售及有关优惠政策）和税收政策等		
3.3现场查勘委托评估宗地及周围地区的土地利用情况，委托评估宗地用途是否与评估基准地价相符，地上主要建筑物名称、结构、用途、周围交通条件、环境条件、集聚状况等是否与评估基准地价要求相符；编制影响地价区域因素和个别因素调整系数表		
4.收集无形资产——土地使用权评估所需的相关资料		
4.1调查委托评估宗地的基础设施条件、开发费用水平和影响地价成本的主要因素，编制委托评估宗地开发费用重置成本估算表		
4.2调查委托评估宗地所在市县的基准地价水平及修正体系、土地级别、交易状况，采取基准地价系数修正法评估宗地单位地价，编制基准地价修正系数地价计算表		
4.3调查委托评估宗地所在市新建用地的征地水平、有关税费，采取成本法评估宗地单位地价，编制成本法地价计算表		
5.评定估算		
5.1比较基准地价系数修正法和成本法等评估方法的结果，确定宗地单位地价，编制宗地单位地价最终结果表		
5.2填写无形资产——土地使用权评估明细表剩余项目		
6.填写本实验项目的评估程序复核表		
7.编写土地使用权评估说明		

表4-11　**土地估价结果一览表**

估价机构：　估价报告编号：　估价基准日：　估价期日的土地使用权性质：

估价期日土地使用者	宗地名称	土地登记证书	地理位置	估价设定用途	规划条件	估价期日土地开发程度	估价设定的土地开发程度	估价期日设定的土地使用权类型	土地设定年限	面积（平方米）	单位面积地价（元/平方米）	土地总价（万元）	备注

1.上述土地估价结果的限定条件

（1）土地权利限制：

（2）基础设施条件：

（3）规划限定条件：

（4）其他限定条件：

2.其他需要说明的事项

××资产评估有限公司（章）

年　月　日

（七）出具该项目评估报告

本部分略，只给出第四部分。

第四部分　附件

附件 1　M 市住房和城乡规划建设委员会《关于同意延长 M 市××区 LJ04-11-01 地块建设用地规划设计条件时效的函》（M 建函〔2016〕498 号）

附件 2　M 市住房和城乡规划建设委员会《关于重新提供 M 市××区 LJ04-11-01 地块建设用地规划设计条件的复函》（M 建函〔2016〕373 号）文件复印件

附件 3　委托评估宗地位置示意图

附件 4　委托评估宗地现状照片

附件 5　签署报告承诺书

附件 6　估价机构营业执照复印件

附件 7　估价机构资质证书复印件

附件 8　土地估价师资格证书复印件

其他附件：

参考案例：

估价对象位于 M 市××区 LJ04-11-01 地块，距市中心区约 2 千米。评估人员从收集的土地交易案例中，选择了以下三个案例作为比较案例：

案例 A：该案例位于 M 市××区江州二路旁 LJ02-02 地块，土地用途为其他普通商品住房用地，土地总面积 78 320.35 平方米，土地使用年限为其他普通商品住房用地 70 年、批发零售用地 40 年、商务金融用地 40 年；容积率≤3.5，土地开发程度为宗地外“五通”、宗地内“场地平整”；2016 年 3 月 14 日通过挂牌出让方式取得，出让成交价格为 200.53 万元/亩，单位面积地价为 3 008 元／平方米。

案例 B：该案例位于 M 市广州东路与莲塘路交会处，土地用途为其他普通商品住房用地，土地总面积 68 054.18 平方米，土地使用年限为其他普通商品住房用地 70 年、批发零售用地 40 年；容积率≤3.5，土地开发程度为宗地外“五通”、宗地内“场地平整”；2017 年 5 月 5 日通过挂牌出让方式取得，出让成交价格为 215.47 万元/亩，单位面积地价为 3232 元／平方米。

案例 C：该案例位于 M 市××区莲塘大道××区 D04-3 地块，土地用途为城镇住宅、商务金融用地，土地总面积 3 390.18 平方米，土地使用年限为城镇住宅用地 70 年、商务金融用地 40 年；容积率≤3.0，土地开发程度为宗地外“五通”、宗地内“场地平整”；2015 年 5 月 30 日通过挂牌出让方式取得，出让成交价格为 193.87 万元/亩，单位面积地价为 2 908 元／平方米。

实验四　××土地使用权出让底价评估项目参考答案

实验五　城市房屋拆迁补偿评估项目

一、实验目的

通过本项目实验，达到掌握城市房屋拆迁补偿评估基本方法和应用技巧的目的。

二、实验项目

2016年12月，C公司将对××市西乡塘区××小区项目进行城市拆迁，现委托××资产评估有限公司对该项目涉及的911户拆迁房屋进行拆迁补偿评估。委托方情况如下：

单位名称：C公司

法定代表人：刘振华

注册资本：人民币伍仟万元整

地址：××市××路8号

注册号：4501002001145××（1-1）

公司类型：有限责任公司（国有控股）

经营范围：资产经营管理、工程建设项目总承包、建筑及安装、市政公用、公路桥梁、水利水电、园林绿化、装饰装修、地基与基础、给水排水、道路照明等工程的施工；房地产开发经营；物业管理；建筑材料销售；地产储备开发

C公司是经××市委、市政府批准成立的国有控股公司，于2007年1月15日挂牌成立，由××市预算外资金管理局和××市土地收购储备中心共同出资，现有资产价值达1.66亿元。

C公司现有职工38人，设董事会、监事会和经营班子，实行董事会领导下的董事长负责制，内设办公室、经营管理部、计财部、工程建设部。

C公司成立以来，承担着优化资本结构和资源配置，确保国有资产保值增值，为××市建设工程融资、投资、建设的重任。它以服务××市城市建设发展需要为目标，坚持打造精英团队、追求卓越品质的理念，加强国有资产的管理和运营，积极参与城市基础设施建设，以保障性住房建设带动房地产开发经营，提高经济效益，自主经营，不断发展。

三、实验资料

（一）项目资料

××小区城市拆迁项目目前水、电、气、通信、道路五通，地势比较平整，没有平整场地，各项条件一般；总占地面积29 150平方米，房屋拆迁面积53 130平方米；拆迁户数911户，其中私房619户、公房292户，涉及拆迁单位4家，无违章建筑。拆迁房屋类型为住宅，拆迁房屋结构为砖混结构。补偿方式选择货币安置。从××市国土资源局的公示函得知，该项目用地性质为住宅，最大建筑面积不超过171 985平方米，容积率5.9，建筑密度不超过35%，绿化率不低于25%，按照商业建筑面积每200平方米、住宅建筑面积每300平方米配置车库。该项目地势平坦，内部无高压线和市政管网。

为了保证评估结果有效地服务于评估目的，尽量减少和避免评估基准日后的调整事项，准确高效地清查核实资产，合理选择作价依据、价格标准、评估方法和评估技术参数，故将本项目的评估基准日定为2016年12月31日。

（二）拆迁房屋宗地资料

××小区城市拆迁项目占地面积29 150平方米，该项目位于××东路与××西路以东的××小区范围内，紧邻城市二级干道，属于三级住宅。

1.该地块成熟度修正系数表（表5-1）

表5-1　**该地块成熟度修正系数表**

土地开发程序	修正系数
三通一平（路、水、电、平场）	0
缺平整场地	-0.12~-0.15
缺道路	-0.12~-0.15
缺通上水	-0.05~-0.07
缺通下水	-0.05~-0.07
缺通电	-0.10~-0.12
通气	+0.06~+0.08
通信	+0.04+0.06

2.容积率修正系数表（表5-2）

表5-2　**容积率修正系数表**

容积率	修正系数
5.0	2.40
5.5	2.48
6.0	2.56
6.5	2.63

3.土地使用权类型修正

本项目的土地使用权为有偿出让。

4.区域因素和个别因数修正系数

区域因素和个别因素修正系数根据项目的具体地理区位和建设条件，采用专家综合评估法确定，见表5-3。

表5-3 区域因素和个别因素修正系数表

因素	修正系数
距服务中心级距	1.60
交通便捷度	2.00
水电气综合保障率	1.24
公用服务设施完备度	1.10
环境质量状况	0.65
宗地形状与面积	1.05
建筑朝向与采光	1.30
自然灾害危害程度	1.80

5.土地资本化率

××市的土地资本化率为9.87%。

6.优惠政策

本项目由于危旧房较多，被××市政府列为旧城改造项目。根据有关税收优惠措施，对于旧城改造项目，城市建设配套费和土地出让金实行“拆1平方米免1.5平方米”的政策，每平方米应缴纳土地出让金270元，每平方米应缴纳城市建设配套费140元。

（三）拆迁房屋详细信息

由于评估范围较广，评估工作量较大，现仅就911户拆迁户中李××的房屋进行拆迁估值。李××的房屋位于大学东路64号、××市××局集资楼1#（已完成房改，可上市交易）。该楼于2007年6月建成，砖混结构，一梯两户，共五层；占地面积388平方米，建筑面积1 151.52平方米。一层为杂物房；二层每户建筑面积123.51平方米，每户套内建筑面积112.14平方米，公摊面积11.37平方米；其余每户建筑面积116.59平方米，每户套内建筑面积105.86平方米，公摊面积10.733平方米。李××的房屋为3楼301号房，户型为三房二厅二卫二阳台。李××于2007年12月装修后搬入居住，其外墙为涂料，楼梯为瓷砖台阶、钢管扶手和栏杆。室内地面贴铺瓷砖，墙面为腻子涂料，天面为木天花、木角线、刮腻子涂料，门为全包木门、防盗门、纱木门，窗为木包边框铝合金窗，阳台为防盗网及铝合金窗。电线为线槽，普通水管，均使用正常。

评估人员对李××的拆迁房屋进行现场勘查并打分，具体情况见表5-4和表5-5。

表5-4 **房屋评估现场勘察表**

具体部位		检测重点	标准值	评定值
结构部分	地基基础	有无不均匀沉降、对上部结构是否产生影响	20	18
	承重构件	墙、柱、梁是否完好，屋架各部件节点是否完好	20	17
	屋面	是否局部漏雨，平屋面、保温层、隔热层、防水层是否破损，屋面板基层是否有局部腐朽变形，排水设施是否受到破坏	20	16
	楼地面	整体面层是否有裂缝、空鼓	20	16
	自承重墙	是否有裂缝、间隔墙面层有无破坏（经测量，承重墙墙体18厘米）	20	17
装饰	门窗	是否开启自如，钢门窗是否变形，玻璃、五金是否残缺不全，油漆是否剥落	25	20
	内外粉刷	有无空鼓、裂缝、剥落、勒脚侵蚀情况	25	21
	顶棚	面层有无局部损坏，有无明显下垂变形	25	21
	细木装修	木质部分有无腐朽、蛀蚀、破裂、油漆老化现象	25	20
安装、设备部分	水卫	上下水是否畅通，有无阻塞、锈蚀、漏水	40	35
	电照	设备是否陈旧，电线是否老化，照明装置是否残缺，绝缘是否符合安全用电要求	40	32
	特种设备	现状是否良好，能否正常使用	20	16

表5-5 **房屋装修勘查表**

项目		材料规格	数量（个）	长（米）	宽（米）	高（米）
地面	客厅	800×800马可波罗米兰亚光砖		6.4	3.6	
	酒吧室	800×800马可波罗米兰亚光砖		2.7	1.1	
	餐厅	800×800马可波罗米兰亚光砖		3.0	3.0	
	主卧	圣象剑桥橡木地板		6.4	3.3	
	衣帽间	圣象剑桥橡木地板		2.0	1.5	
	次卧1	圣象剑桥橡木地板		3.7	3.0	
	次卧2	圣象剑桥橡木地板		3.5	3.0	
	厨房	800×800马可波罗米兰亚光砖		3.0	1.7	
	主卫	300×300马可波罗埃及米黄内墙砖		2.0	1.8	
	公卫	300×300马可波罗埃及米黄内墙砖		2.2	1.8	
	阳台1	800×800马可波罗米兰亚光砖		3.0	1.2	
	阳台2	800×800马可波罗米兰亚光砖		3.0	1.2	
	过道	800×800马可波罗米兰亚光砖		3.0	1.2	
	玄关	800×800马可波罗米兰亚光砖		1.4	1.2	

续表

项目		材料规格	数量（个）	长（米）	宽（米）	高（米）
天面	客厅	多乐士乐易施内墙通用腻子涂料		6.4	3.6	
	酒吧室	多乐士乐易施内墙通用腻子涂料		2.7	1.1	
		木天花		2.7	1.1	
	餐厅	多乐士乐易施内墙通用腻子涂料		2.0	3.0	
	主卧	多乐士乐易施内墙通用腻子涂料		6.4	3.3	
	衣帽间	多乐士乐易施内墙通用腻子涂料		2.0	1.5	
	次卧1	多乐士乐易施内墙通用腻子涂料		3.7	3.0	
	次卧2	多乐士乐易施内墙通用腻子涂料		3.5	3.0	
	厨房	多乐士乐易施内墙通用腻子涂料		3.0	1.7	
	主卫	多乐士乐易施内墙通用腻子涂料		2.0	1.8	
	公卫	多乐士乐易施内墙通用腻子涂料		2.2	1.8	
	阳台1	多乐士乐易施内墙通用腻子涂料		3.0	1.2	
	阳台2	多乐士乐易施内墙通用腻子涂料		3.0	1.2	
	过道	多乐士乐易施内墙通用腻子涂料		3.0	1.2	
	玄关	多乐士乐易施内墙通用腻子涂料		1.4	1.2	
墙面	客厅	多乐士乐易施内墙通用腻子涂料		12.5		3.0
	酒吧室	多乐士乐易施内墙通用腻子涂料		3.8		2.8
		木墙面		1.3		2.8
	餐厅	多乐士乐易施内墙通用腻子涂料		6.0		3.0
	主卧	多乐士乐易施内墙通用腻子涂料		6.4	3.3	3.0
	衣帽间	多乐士乐易施内墙通用腻子涂料		2.0	1.5	3.0
	次卧1	多乐士乐易施内墙通用腻子涂料		3.7	3.0	3.0
	次卧2	多乐士乐易施内墙通用腻子涂料		3.5	3.0	3.0
	厨房	300×450马可波罗挪威砾石		6.4		3.0
	主卫	300×450马可波罗埃及米黄内墙砖		2.0	1.8	2.6
	公卫	300×450马可波罗埃及米黄内墙砖		2.2	1.8	2.6
	阳台1	多乐士乐易施内墙通用腻子涂料		3.0	1.2	3.0
	阳台2	多乐士乐易施内墙通用腻子涂料		3.0	1.2	3.0
	过道	多乐士乐易施内墙通用腻子涂料		3.0	1.2	3.0
	玄关	多乐士乐易施内墙通用腻子涂料		1.4	1.2	3.0

续表

项目		材料规格	数量（个）	长（米）	宽（米）	高（米）
门	客厅	全包实木纱门			0.8	2.2
	主卧	全包实木门			0.8	2.2
	衣帽间	全包木边框			0.8	2.2
	次卧 1	全包实木门			0.8	2.2
		全包实木门（阳台）			0.8	2.2
		全包实木纱门			0.8	2.2
	次卧 2	全包实木门			0.8	2.2
	过道门洞	全包木边框			2.6	0.9
	餐厅	全包阳台门			0.8	2.2
	主卫	美心铝合金半包门			0.7	2.0
	公卫	美心铝合金半包门			0.7	2.0
窗	客厅	南南铝合金带不锈钢条（带纱）			1.5	1.8
	主卧	南南铝合金（带纱）			3.1	1.8
	衣帽间	南南铝合金（带纱）			1.0	1.8
	次卧 1	南南铝合金（带纱）			1.2	1.8
	次卧 2	南南铝合金（带纱）			1.0	1.8
	厨房	南南铝合金（带纱）			0.8	1.8
	餐厅	木格工艺窗			1.3	1.7
	阳台 1	南南铝合金（带纱）			3.0	1.8
天面装饰	客厅	木角线		6.4	3.6	
	主卧	木角线		3.0	3.0	
	衣帽间	木角线		2.0	1.5	
	次卧 1	木角线		3.7	3.0	
	次卧 2	木角线		3.5	3.0	
	过道	木角线		3.0	1.2	
	餐厅	木角线		3.0	1.2	
厨房用具	有门橱柜	大理石台面		4.0		
	吊柜	实木		5.0		0.8
	水槽	九牧不锈钢水槽 760×430×220	1			
	水龙头	九牧单把冷热厨房龙头	1			
浴室用具	洗脸盆	九牧浴室柜悬挂式储物柜组合	2			
	花洒	九牧升降花洒淋浴花洒套装	2			
	地面防水	主卫		2.0	1.8	
		公卫		2.2	1.8	

（四）实验所需资料见表5-6到表5-13

表5-6　　比较因素条件说明表

比较案例		估价对象	案例A	案例B	案例C
位置		M市××区LJ04-11-01地块	M市××区LJ02-02地块	××区LJ01-21	××区D04-3地块
交易价格（元/平方米）		委托评估	3 008	3 232	2 908
交易时间		2017年7月1日	2016年3月14日	2017年5月5日	2015年5月30日
交易情况		正常	正常	正常	正常
交易方式		出让	挂牌	挂牌	挂牌
土地使用年限		住宅70年、商业40年	住宅70年、商业40年	住宅70年、商业40年	住宅70年、商业40年
土地用途		城镇住宅、其他商服	城镇住宅、其他商服	城镇住宅、其他商服	城镇住宅、其他商服
区域因素	距商服中心距离	距市级商业中心约2.5千米，商业繁华度一般	距市级商业中心约2千米，商业繁华度较优	距市级商业中心约2千米，商业繁华度较好	距市级商业中心约2.6千米，商业繁华度一般
	区域内道路类型	交通型主干道	混合型主干道	混合型主干道	混合型主干道
	区域内基础设施完备度	一般	较完善	较完善	较完善
	对内公交便捷度	公交便捷度一般	公交便捷度较差	公交便捷度较差	公交便捷度较差
	对外交通便利度	距汽车总站2.5千米、M市火车站6.2千米，对外交通便利度一般	距汽车总站2千米、M市火车站4千米，对外交通便利度较好	距汽车总站2.2千米、M市火车站3.5千米，对外交通便利度较好	距汽车总站3千米、M市火车站3.5千米，对外交通便利度较好
	景观环境条件	景观环境好	景观环境较好	景观环境较好	景观环境较好
	区域土地利用类型	住宅、商业	住宅、商业	住宅、商业	住宅、商业
个别因素	宗地形状	较规则，对土地利用稍有影响	较规则，对土地利用无影响	较规则，对土地利用无影响	较规则，对土地利用无影响
	宗地面积（平方米）	63 278.12，面积一般	78 320.35，面积一般	122 191，面积较适宜	3 390.18，面积适宜
	容积率	3.4	3.5	3.5	3
	临街形式	四面临街	两面临街	两面临街	两面临街
	地形地质条件	一般	一般	一般	一般
	宗地开发程度	五通一平	五通一平	三通一平	五通一平

表5-7　　住宅用地容积率修正系数表

容积率	0.5	0.6	0.8	1.0	1.2	1.4	1.6	1.8	2.0
修正系数	0.5138	0.5486	0.6083	0.659	0.7036	0.7436	0.7801	0.8138	0.8452
容积率	2.2	2.4	2.6	2.8	3.0	3.2	3.4	3.6	3.8
修正系数	0.8746	0.9024	0.9287	0.9537	1.0000	1.0456	1.0815	1.1165	1.1506
容积率	4.0	4.2	4.4	4.6	4.8	5.0	5.2	5.4	5.6
修正系数	1.184	1.2166	1.2485	1.2798	1.3105	1.3406	1.3703	1.3994	1.428
容积率	5.8	6.0	6.2	6.4	6.8	7.0	≥7.5		
修正系数	1.4562	1.4839	1.5113	1.5383	1.5911	1.617	1.665		
说明	修正系数采用内插法确定								

表5-8　　M市××区2014年1月1日基准地价估价日确定的基准地价表　　单位：元

用途	一级	二级	三级	四级	五级
商业	3 800	24 50	1 450	860	500
住宅	2 500	1 650	1 080	700	450
工业	450	340	185	150	—

表5-9　　××区二级住宅用地宗地地价影响因素指标说明表

因素		优	较优	一般	较劣	劣
区域因素	距商服中心（米）	S≤700	700＜S≤900	900＜S≤1 100	1 100＜S≤1 300	S＞1 300
	距集贸市场距离（米）	S≤300	300＜S≤500	500＜S≤700	700＜S≤900	S＞900
	交通通达度	路网密，通达性好，停车方便	路网密，通达性较好，停车较方便	路网密，通达性一般，能够停车	路网密，通达性一般，停车较困难	路网密，通达性一般，停车困难
	公交便捷度	高	较高	一般	较差	差
	对外交通便利度	高	较高	一般	较差	差
	区域基础设施状况	完善	较完善	一般	较差	差
	区域公用设施方便度	高	较高	一般	较差	差

续表

因素		优	较优	一般	较劣	劣
区域因素	综合环境质量	环境优美，无污染	环境较好	基本无污染	轻度污染	较重生活污染
	未来规划土地用途	文教、园林绿化	住宅	办公	商业	工业
个别因素	宗地临街状况	背街＞100m	背街50~100m	临生活型道路	临交通型道路	多面临街、临铁路线
	临近道路类型	生活型主干道	生活型次干道、混合型干道	支路	交通型次干道	交通型主干道
	建筑物朝向与采光	好	较好	一般	较差	差
	周围用地类型	文教、园林绿化	住宅	办公	商业	工业
	宗地面积	对建筑物布置无影响	对建筑物布置稍有影响	对建筑物布置有一定影响	对建筑物布置影响较重	对建筑物布置影响严重
	宗地形状	形状很规则	形状较规则	形状基本规则	形状不规则	形状极不规则
	用地限制	无影响	基本无影响	稍有影响	有较大影响	有严重影响

表5-10 ××区二级住宅用地宗地地价影响因素修正系数表

因素		优	较优	一般	较劣	劣
区域因素	距商服中心	3.25	1.62	0	-1.62	-3.25
	距集贸市场距离	2.38	1.19	0	-1.19	-2.38
	交通通达度	2.16	1.08	0	-1.08	-2.16
	公交便捷度	2.16	1.08	0	-1.08	-2.16
	对外交通便利度	1.95	0.97	0	-0.97	-1.95
	区域基础设施状况	2.81	1.41	0	-1.41	-2.81
	区域公用设施方便度	2.81	1.41	0	-1.41	-2.81
	综合环境质量	2.38	1.19	0	-1.19	-2.38
	未来规划土地用途	1.73	0.87	0	-0.87	-1.73
个别因素	宗地临街状况	1.58	0.79	0	-0.79	-1.58
	临近道路类型	1.67	0.83	0	-0.83	-1.67
	建筑物朝向与采光	1.30	0.65	0	-0.65	-1.30
	周围用地类型	1.58	0.79	0	-0.79	-1.58
	宗地面积	0.93	0.46	0	-0.46	-0.93
	宗地形状	0.93	0.46	0	-0.46	-0.93
	用地限制	1.30	0.65	0	-0.65	-1.30

表 5-11　**商业用地容积率修正系数表**

容积率	≤0.5	0.6	0.8	1.0	1.2	1.4	1.6	1.8	2.0	2.2
修正系数	0.7065	0.7731	0.8911	1.0000	1.0888	1.1749	1.255	1.3302	1.4013	1.4689
容积率	2.4	2.6	2.8	3.0	3.2	3.4	3.6	3.8	4.0	≥4.5
修正系数	1.5334	1.5952	1.6547	1.7121	1.7675	1.8213	1.8734	1.9241	1.9735	2.0918
说明	修正系数采用内插法确定									

表 5-12　**M市××区三级商业用地宗地地价影响因素指标说明表**

因素		优	较优	一般	较劣	劣
区域因素	距市级商服中心（米）	S≤1 000	1 000 < S≤1 500	1 500 < S≤2 000	2 000 < S≤2 500	S > 2 500
	距区级商服中心（米）	S≤500	500 < S≤700	700 < S≤900	900 < S≤1 100	S > 1 100
	距集贸市场距离（米）	S≤300	300 < S≤500	500 < S≤700	700 < S≤900	S > 900
	交通通达度	路网密，通达性好，停车方便	路网密，通达性较好，停车较方便	路网密，通达性一般，能够停车	路网密，通达性一般，停车较困难	路网密，通达性一般，能够停车
	公交便捷度	高	较高	一般	较差	差
	对外交通便利度	高	较高	一般	较差	差
	区域基础设施状况	完善	较完善	一般	较差	差
	人流量	大	较大	一般	较少	少
	未来规划土地用途	商业	住宅	机关	工业	其他
个别因素	宽深比	> 1.3	1.3~0.7	0.5~0.7	0.3~0.5	< 0.3
	宗地临道路类型	混合型道路、商业步行街	生活型主干道	生活型次干道	交通型道路	小区支路
	宗地临街方式	十字路口	丁字路口	一面临街	背街 < 20m	背街 > 20m
	周围用地类型	商业	住宅	机关	工业	其他
	宗地面积	对建筑物布置无影响	对建筑物布置稍有影响	对建筑物布置有一定影响	对建筑物布置影响较重	对建筑物布置影响严重
	宗地形状	形状很规则	形状较规则	形状基本规则	形状不规则	形状极不规则
	用地限制	无影响	基本无影响	稍有影响	有较大影响	有严重影响

表5-13　　M市××区三级商业用地宗地地价修正系数表

因素		优	较优	一般	较劣	劣
区域因素	距市级商服中心	3.26	1.63	0	-1.63%	-3.26
	距区级商服中心	2.83	1.41	0	-1.41	-2.83
	距集贸市场距离	2.17	1.09	0	-1.09	-2.17
	交通通达度	2.39	1.20	0	-1.20	-2.39
	公交便捷度	2.61	1.30	0	-1.30	-2.61
	对外交通便利度	2.17	1.09	0	-1.09	-2.17
	区域基础设施状况	2.83	1.41	0	-1.41	-2.83
	人流量	1.96	0.98	0	-1.00	-1.96
	未来规划土地用途	1.52	0.76	0	-0.78	-1.52
个别因素	宽深比	1.69	0.85	0	-0.86	-1.69
	宗地临道路类型	1.27	0.63	0	-0.65	-1.27
	宗地临街方式	1.61	0.80	0	-0.82	-1.61
	周围用地类型	1.35	0.68	0	-0.69	-1.35
	宗地面积	0.85	0.42	0	-0.43	-0.85
	宗地形状	0.76	0.38	0	-0.39	-0.76
	用地限制	0.93	0.47	0	-0.47	-0.93

四、实验方法

（一）成本法

对拆迁房屋进行评估一般采用成本法，其基本公式如下：

房屋拆迁补偿金额=土地使用权补偿金+地上附着物补偿金+装修补偿金

1.土地使用权补偿金的计算

土地使用权补偿金的计算公式为：

土地使用权补偿金=（拆迁后的土地使用权价格评估值+政策优惠部分-其他拆迁成本）÷拆迁土地面积

当拆迁后的土地使用权价格高于其他拆迁费用与现状地产价格之和时，说明土地使用权补偿价格标准过低，仍存在提高补偿标准的空间；当拆迁后的土地使用权价格低于其他拆迁费用与现状房地产价格之和时，说明费用支出已经超过拆迁人承受的界限，需要政府协调或提供优惠政策，项目才可行。

2.拆迁后的土地使用权价格评估值的计算

其计算公式为：

$$\text{委托评估地价}=\text{基准地价}\times(1+\text{成熟度修正系数}+\text{区域和个别因素修正系数}+\text{土地使用权类型修正系数})\times\text{容积率修正系数}\times\text{年限修正系数}\times\text{期日修正系数}$$

（1）基准地价。基准地价是城镇土地分区域、分用途测算出的平均价格（含土地出让金），是政府宏观调控下的土地价格，也是土地评估及有关部门制定各种土地税费政策的依据。

（2）成熟度修正系数。成熟度是指宗地内的实际开发程度。当宗地内的实际开发程度不是“三通一平”时，应当进行成熟度修正。

（3）土地使用权类型修正系数。划拨的国有土地使用权及租赁的国有土地使用权，在利用基准地价进行评估时，应作为土地使用权类型进行修正。

（4）区域和个别因素修正系数。考虑的因素包括距服务中心的距离、交通便捷度、水电气综合保证率、公用服务设施完备度、环境质量状况、规划用途、宗地形状与面积、建筑朝向与采光等。

（5）容积率修正系数。容积率是宗地建筑面积与土地面积的比率，是反映宗地利用强度的指标。一般来说，基准地价的确定都设定容积率为1，当容积率小于1时，按1计算；当容积率大于1时，应进行容积率修正。

（6）年限修正系数。国有土地出让有一定的年限，当实际利用年限与基准地价的适用年限不一致时，需要进行年限修正。计算公式为：

$$U=[1-1\div(1+\text{土地还原率})^{\text{实际使用年限}}]\div[1-1\div(1+\text{土地还原率})^{\text{基准使用年限}}]$$

3.地上附着物补偿金的计算

地上附着物包括房屋及水电气等设施，一般采用重置成本法，按照评估时点的现行市价进行估算。

房屋补偿金的计算公式为：

房屋补偿金=房屋建筑面积×重置价格

房屋建筑面积包括套内建筑面积和公共部位的分摊面积。

设施补偿费的计算公式为：

设施补偿费=自有设施数量×重置价格

4.房屋装修补偿金的计算

装修必须依附于建筑物，本身无法作为独立财产体现其价值，无法运用比较法、收益法评估，且同等装修价格在市场上差别很小，采用成本法即可体现其价值。评估时，应注意采用成本法的补偿价值是评估时重新装修所用的材料费、人工费等费用的客观、合理价格，再扣除折旧。计算公式为：

装修补偿金=装修成本-折旧

（二）市场法

采用市场法对城市房屋拆迁补偿金进行评估时，其基本思路是根据“拆一还一，就地安置”的补偿原则，以评估时点被拆迁片区同地段、同用途新建商品房的平均交易价格为基数，作为被拆迁人房屋和土地使用权的补偿价格。它与房屋设施补偿、装修补偿一起构成了城市房屋拆迁补偿的计算公式：

$$\text{房屋拆迁补偿金额}=\text{同地段、同用途新建商品房的平均交易价格}\times\text{被拆迁建筑面积}\times(1+\text{住宅状况修正系数})+\text{设施补偿费}+\text{装修补偿费}$$

1.同地段、同用途新建商品房的平均交易价格的计算

将评估对象与在评估时点近期有过交易的类似房地产进行比较，对比这些类似房地产的已知价格并作适当修正，以此估算评估对象的客观、合理价值。在城市拆迁过程中，要根据评估时点同地段、同用途新建商品房的市场价格进行加权平均。其中，同地段是指与被拆迁房屋在同一区域、同一土地级别内，交通、环境、配套设施、繁华度等因素相似的地段；同用途是指被拆迁房屋与新建商品房所占用的土地使用权性质和房屋的具体利用方式相同。此外，住宅样本点原则上为新建商品房的平均楼层价格。

2.住宅状况修正系数的计算

住宅状况修正系数主要包括年限修正系数、水电气修正系数、墙体修正系数、结构修正系数、门窗修正系数、区位因素调节系数以及其他修正系数。计算公式为：

$$\text{住宅状况修正系数}=\text{年限修正系数}+\text{水电气修正系数}+\text{墙体修正系数}+\text{结构修正系数}+\text{门窗修正系数}+\text{区位因素调节系数}+\text{其他修正系数}$$

（1）年限修正系数。被评估房屋尚可使用年限主要由评估人员根据现场勘查情况确定。钢混、砖混、砖木结构的房屋可参照每年调减系数0.5%计，修正系数最高不超过15%；简易结构调减系数为3%~13%。

（2）水电气修正系数。水、电、气每缺一项按调减系数0.5%计，无专用厨房、卫生间的，各调减系数1%。

（3）墙体修正系数。承重墙体厚度以24厘米为准。墙体厚度超过24厘米时，修正系数不增不减；墙体厚度为12厘米时，调减系数1%；墙体厚度为18厘米时，调减系数0.5%。

（4）砖混、钢混结构系数。砖混、钢混结构系数不调整，砖木结构调减系数2%~3%，简易结构调减系数4%~5%。

（5）门窗修正系数。门窗修正系数一般不超过正负1%。

（6）区位因素调节系数。区位因素调节系数一般不超过正负5%。

（7）其他修正系数。其他修正系数一般不超过正负5%。

3.城市房屋装修补偿金额的计算

详见实验资料。

五、实验要求

（一）编制资产评估工作计划

请编写一份资产评估项目工作计划表（表5-14）。

表5-14　　　　　　　　　　　　**资产评估项目工作计划表**　　　　　　　　　　　　索引编号：

<table>
<tr><td colspan="2">项目负责人：
报批日期：　20　年　月　日</td><td>签字评估师：
审批日期：　20　年　月　日</td><td>项目经理：
审批日期：　20　年　月　日</td></tr>
<tr><td rowspan="9">项目
基本
情况</td><td colspan="3">委托方名称：</td></tr>
<tr><td colspan="3">被评估单位名称：</td></tr>
<tr><td colspan="3">评估目的：</td></tr>
<tr><td colspan="3">评估基准日：　20　年　月　日</td></tr>
<tr><td colspan="3">评估对象：1.企业整体价值　2.全部股东权益价值　3.股东部分权益价值
4.单项资产　5.资产组合　6.金融不良资产　7.其他：</td></tr>
<tr><td colspan="3">评估范围：□流动资产　□长期股权投资　□设备类资产
□建筑物类资产　□在建工程　□划拨土地
□无形资产（出让土地、专利、专有技术、商标、版权等）
□其他资产（请注明：　）　□负债</td></tr>
<tr><td colspan="3">资产量：总资产　万元，负债　万元，净资产　万元
其中：固定资产原值　万元，净值　万元；
在建工程　万元；无形资产　万元；
长期股权投资　万元，控股　家</td></tr>
<tr><td>主要资产分布地点</td><td colspan="2"></td></tr>
<tr><td>项目</td><td>本部人员</td><td>外聘</td></tr>
<tr><td rowspan="7">评估
人员</td><td>项目负责人</td><td></td><td></td></tr>
<tr><td>流动资产及负债</td><td></td><td></td></tr>
<tr><td>设备及在建工程</td><td></td><td></td></tr>
<tr><td>建筑物及在建工程</td><td></td><td></td></tr>
<tr><td>土地使用权</td><td></td><td></td></tr>
<tr><td>其他无形资产</td><td></td><td></td></tr>
<tr><td>其他资产</td><td></td><td></td></tr>
<tr><td rowspan="5">评估
进度</td><td>项目备案日期</td><td colspan="2">20　年　月　日</td></tr>
<tr><td>现场工作时间</td><td colspan="2">20　年　月　日—20　年　月　日</td></tr>
<tr><td>汇总及出具初稿时间</td><td colspan="2">20　年　月　日—20　年　月　日</td></tr>
<tr><td>审核日期</td><td colspan="2">20　年　月　日—20　年　月　日</td></tr>
<tr><td>客户要求出报告日期</td><td colspan="2">20　年　月　日</td></tr>
</table>

续表

评估方法：1.收益法 2.市场法 3.成本法 4.采用____法和____法途径分别评估，经分析后，采用____法评估结果作为最终评估结论	
价值类型：	
项目风险初步分析	1.评估报告的特殊使用： 2.评估资产的特殊性： 3.资产的权属状况： 4.被评估单位的内部管理： 5.评估人员的操作能力： 6.时间要求： 7.结论：
风险控制点及措施	

注：如果本项目编制了更为详细的操作方案，上述表格中的部分内容可填写为“详见操作方案”。在主管领导审核评估计划的同时，请报送一份操作方案。

（二）明确评估依据

根据实验资料，请分别罗列出本次评估业务的法律依据，经济行为文件，重大合同协议、产权文件及其他相关资料、取价依据，详见表5-15。

（三）明确评估假设

根据实验资料，请分别罗列出本次评估业务的评估假设。

（四）评定估算

1.使用成本法估算李××的房屋拆迁补偿金额

（1）计算分户土地使用权补偿金额。

表5-15 评估依据

法律依据	
经济行为文件	
重大合同协议、产权文件及其他相关资料	
取价依据	

（2）计算房屋补偿金额，并填写表5-16、表5-17及表5-18。

表5-16 房屋成新率计算表（打分法）

组成及权重	具体部位	标准值	评定值	权重（%）	计算值
结构部分	地基基础				
	承重构件				
	屋面				
	楼地面				
	自承重墙				
	小计	100		50	
装饰	门窗				
	内外粉刷				
	顶棚				
	细木装修				
	小计	100		25	
安装、设备部分	水卫				
	电照				
	特种设备				
	小计	100		25	
合计					
成新率					

使用年限法成新率=

表5-17 房屋综合成新率计算表

方法	成新率	权重（%）	加权值
打分法		40	
年限法		60	
综合成新率			

表5-18 房屋补偿金额评估明细表 金额单位：元

房屋单位重置成本	面积	总价	加权平均成新率	房屋补偿金额

（3）装修预计总使用年限为20年，按年限平均法折旧，计算装修补偿费，并填写表5-19。

年限平均法成新率=

表5-19 房屋装修评估明细表 金额单位：元

项目		材料规格	面积（长度）数量	单价	成新率	评估值
地面	客厅	800×800马可波罗米兰亚光砖				
	酒吧室	800×800马可波罗米兰亚光砖				
	餐厅	800×800马可波罗米兰亚光砖				
	主卧	圣象剑桥橡木地板				
	衣帽间	圣象剑桥橡木地板				
	次卧1	圣象剑桥橡木地板				
	次卧2	圣象剑桥橡木地板				
	厨房	800×800马可波罗米兰亚光砖				
	主卫	300×300马可波罗埃及米黄内墙砖				
	公卫	300×300马可波罗埃及米黄内墙砖				
	阳台1	800×800马可波罗米兰亚光砖				
	阳台2	800×800马可波罗米兰亚光砖				
	过道	800×800马可波罗米兰亚光砖				
	玄关	800×800马可波罗米兰亚光砖				
	小计					

续表

<table>
<tr><th colspan="2">项目</th><th>材料规格</th><th>面积
（长度）数量</th><th>单价</th><th>成新率</th><th>评估值</th></tr>
<tr><td rowspan="16">天面</td><td>客厅</td><td>多乐士乐易施内墙通用腻子涂料</td><td></td><td></td><td></td><td></td></tr>
<tr><td rowspan="2">酒吧室</td><td>多乐士乐易施内墙通用腻子涂料</td><td></td><td></td><td></td><td></td></tr>
<tr><td>木天花</td><td></td><td></td><td></td><td></td></tr>
<tr><td>餐厅</td><td>多乐士乐易施内墙通用腻子涂料</td><td></td><td></td><td></td><td></td></tr>
<tr><td>主卧</td><td>多乐士乐易施内墙通用腻子涂料</td><td></td><td></td><td></td><td></td></tr>
<tr><td>衣帽间</td><td>多乐士乐易施内墙通用腻子涂料</td><td></td><td></td><td></td><td></td></tr>
<tr><td>次卧 1</td><td>多乐士乐易施内墙通用腻子涂料</td><td></td><td></td><td></td><td></td></tr>
<tr><td>次卧 2</td><td>多乐士乐易施内墙通用腻子涂料</td><td></td><td></td><td></td><td></td></tr>
<tr><td>厨房</td><td>多乐士乐易施内墙通用腻子涂料</td><td></td><td></td><td></td><td></td></tr>
<tr><td>主卫</td><td>多乐士乐易施内墙通用腻子涂料</td><td></td><td></td><td></td><td></td></tr>
<tr><td>公卫</td><td>多乐士乐易施内墙通用腻子涂料</td><td></td><td></td><td></td><td></td></tr>
<tr><td>阳台 1</td><td>多乐士乐易施内墙通用腻子涂料</td><td></td><td></td><td></td><td></td></tr>
<tr><td>阳台 2</td><td>多乐士乐易施内墙通用腻子涂料</td><td></td><td></td><td></td><td></td></tr>
<tr><td>过道</td><td>多乐士乐易施内墙通用腻子涂料</td><td></td><td></td><td></td><td></td></tr>
<tr><td>玄关</td><td>多乐士乐易施内墙通用腻子涂料</td><td></td><td></td><td></td><td></td></tr>
<tr><td colspan="6">小计</td></tr>
<tr><td rowspan="16">墙面</td><td>客厅</td><td>多乐士乐易施内墙通用腻子涂料</td><td></td><td></td><td></td><td></td></tr>
<tr><td rowspan="2">酒吧室</td><td>多乐士乐易施内墙通用腻子涂料</td><td></td><td></td><td></td><td></td></tr>
<tr><td>木墙面</td><td></td><td></td><td></td><td></td></tr>
<tr><td>餐厅</td><td>多乐士乐易施内墙通用腻子涂料</td><td></td><td></td><td></td><td></td></tr>
<tr><td>主卧</td><td>多乐士乐易施内墙通用腻子涂料</td><td></td><td></td><td></td><td></td></tr>
<tr><td>衣帽间</td><td>多乐士乐易施内墙通用腻子涂料</td><td></td><td></td><td></td><td></td></tr>
<tr><td>次卧 1</td><td>多乐士乐易施内墙通用腻子涂料</td><td></td><td></td><td></td><td></td></tr>
<tr><td>次卧 2</td><td>多乐士乐易施内墙通用腻子涂料</td><td></td><td></td><td></td><td></td></tr>
<tr><td>厨房</td><td>300×450 马可波罗挪威砾石</td><td></td><td></td><td></td><td></td></tr>
<tr><td>主卫</td><td>300×450 马可波罗埃及米黄内墙砖</td><td></td><td></td><td></td><td></td></tr>
<tr><td>公卫</td><td>300×450 马可波罗埃及米黄内墙砖</td><td></td><td></td><td></td><td></td></tr>
<tr><td>阳台 1</td><td>多乐士乐易施内墙通用腻子涂料</td><td></td><td></td><td></td><td></td></tr>
<tr><td>阳台 2</td><td>多乐士乐易施内墙通用腻子涂料</td><td></td><td></td><td></td><td></td></tr>
<tr><td>过道</td><td>多乐士乐易施内墙通用腻子涂料</td><td></td><td></td><td></td><td></td></tr>
<tr><td>玄关</td><td>多乐士乐易施内墙通用腻子涂料</td><td></td><td></td><td></td><td></td></tr>
<tr><td colspan="6">小计</td></tr>
<tr><td rowspan="4">门</td><td>客厅</td><td>全包实木纱门</td><td></td><td></td><td></td><td></td></tr>
<tr><td>主卧</td><td>全包实木门</td><td></td><td></td><td></td><td></td></tr>
<tr><td>衣帽间</td><td>全包木边框</td><td></td><td></td><td></td><td></td></tr>
<tr><td>次卧 1</td><td>全包实木门</td><td></td><td></td><td></td><td></td></tr>
</table>

续表

<table>
<tr><th colspan="2">项目</th><th>材料规格</th><th>面积（长度）数量</th><th>单价</th><th>成新率</th><th>评估值</th></tr>
<tr><td rowspan="9">门</td><td rowspan="2">次卧1</td><td>全包实木门（阳台）</td><td></td><td></td><td></td><td></td></tr>
<tr><td>全包实木纱门</td><td></td><td></td><td></td><td></td></tr>
<tr><td>次卧2</td><td>全包实木门</td><td></td><td></td><td></td><td></td></tr>
<tr><td>过道门洞</td><td>全包木边框</td><td></td><td></td><td></td><td></td></tr>
<tr><td>餐厅</td><td>全包阳台门</td><td></td><td></td><td></td><td></td></tr>
<tr><td>主卫</td><td>美心铝合金半包门</td><td></td><td></td><td></td><td></td></tr>
<tr><td>公卫</td><td>美心铝合金半包门</td><td></td><td></td><td></td><td></td></tr>
<tr><td colspan="5">小计</td><td></td></tr>
<tr><td colspan="6"></td></tr>
<tr><td rowspan="9">窗</td><td>客厅</td><td>南南铝合金带不锈钢条（带纱）</td><td></td><td></td><td></td><td></td></tr>
<tr><td>主卧</td><td>南南铝合金（带纱）</td><td></td><td></td><td></td><td></td></tr>
<tr><td>衣帽间</td><td>南南铝合金（带纱）</td><td></td><td></td><td></td><td></td></tr>
<tr><td>次卧1</td><td>南南铝合金（带纱）</td><td></td><td></td><td></td><td></td></tr>
<tr><td>次卧2</td><td>南南铝合金（带纱）</td><td></td><td></td><td></td><td></td></tr>
<tr><td>厨房</td><td>南南铝合金（带纱）</td><td></td><td></td><td></td><td></td></tr>
<tr><td>餐厅</td><td>木格工艺窗</td><td></td><td></td><td></td><td></td></tr>
<tr><td>阳台1</td><td>南南铝合金（带纱）</td><td></td><td></td><td></td><td></td></tr>
<tr><td colspan="5">小计</td><td></td></tr>
<tr><td rowspan="8">天面装饰</td><td>客厅</td><td>木角线</td><td></td><td></td><td></td><td></td></tr>
<tr><td>主卧</td><td>木角线</td><td></td><td></td><td></td><td></td></tr>
<tr><td>衣帽间</td><td>木角线</td><td></td><td></td><td></td><td></td></tr>
<tr><td>次卧1</td><td>木角线</td><td></td><td></td><td></td><td></td></tr>
<tr><td>次卧2</td><td>木角线</td><td></td><td></td><td></td><td></td></tr>
<tr><td>过道</td><td>木角线</td><td></td><td></td><td></td><td></td></tr>
<tr><td>餐厅</td><td>木角线</td><td></td><td></td><td></td><td></td></tr>
<tr><td colspan="5">小计</td><td></td></tr>
<tr><td rowspan="5">厨房用具</td><td>有门橱柜</td><td>大理石台面</td><td></td><td></td><td></td><td></td></tr>
<tr><td>吊柜</td><td>实木</td><td></td><td></td><td></td><td></td></tr>
<tr><td>水槽</td><td>760×430×220九牧不锈钢水槽</td><td></td><td></td><td></td><td></td></tr>
<tr><td>水龙头</td><td>九牧单把冷热厨房龙头</td><td></td><td></td><td></td><td></td></tr>
<tr><td colspan="5">小计</td><td></td></tr>
<tr><td rowspan="5">浴室用具</td><td>洗脸盆</td><td>九牧浴室柜悬挂式储物柜组合</td><td></td><td></td><td></td><td></td></tr>
<tr><td>花洒</td><td>九牧升降花洒淋浴花洒套装</td><td></td><td></td><td></td><td></td></tr>
<tr><td rowspan="2">地面防水</td><td>主卫</td><td></td><td></td><td></td><td></td></tr>
<tr><td>公卫</td><td></td><td></td><td></td><td></td></tr>
<tr><td colspan="5">小计</td><td></td></tr>
<tr><td colspan="6">总计</td><td></td></tr>
</table>

（4）计算李××的房屋拆迁补偿金额，并填写表5-20。

表5-20　　**房屋拆迁补偿金评估明细表**　　金额单位：元

户名	地址	建筑面积	土地补偿金	地上附着物补偿金	装修补偿金	评估值
李××	大学东路64号1#集资楼301房					

2.使用市场法估算李××的房屋拆迁补偿金额

（1）选择至少三个交易案例计算同地段、同用途住宅交易价格，并填写表5-21。

表5-21　　**同地段、同用途住宅平均交易价格计算表**　　单位：元/平方米

交易案例名称	土地级别	位置	销售均价
平均交易价格			

（2）计算住宅状况修正系数，并填写表5-22。

表5-22　　**住宅状况修正系数表**

年限修正系数	
水电修正系数	
墙体修正系数	
结构修正系数	
门窗修正系数	
区位因素调节系数	
其他因素修正系数	
合计	

（3）计算李××的房屋拆迁补偿金额，并填写表5-23。

表 5-23　**房屋拆迁补偿金评估明细表**　金额单位：元

户名	
地址	
同地段、同用途新建商品房平均交易价格	
建筑面积	
住宅状况修正系数	
设施补偿费	
装修补偿费	
评估值	

实验五　城市房屋拆迁补偿评估项目参考答案

实训一　A项目专项资金绩效评价案例

一、实验目的

通过本项目实训，达到掌握财政资金绩效评价基本方法和应用技巧的目的。

二、实训项目

A项目是××省标准化推进财政专项资金项目，早期的财政专项资金在申报时，其绩效目标的设定往往较为宏观，考查标准不明确，这给财政资金绩效评价工作带来一定困难。如何将财政专项资金绩效评价指标量化，将其转化为可以考查的指标，建立起从绩效目标到绩效评价指标的联系，是我国财政专项资金绩效评价尤为重要的一步。在本案例中，评价小组对项目部分绩效目标进行了量化与分解，作为建立该项目绩效评价指标体系的依据。

三、实训资料

（一）案例背景

为充分发挥A项目对B市国民经济和社会发展的技术支撑作用，推进实施科教兴市战略，提升国际竞争力，从2013年度开始，B市财政局每年在预算内安排财政资金建立A项目专项资金（以下简称“A项目资金”）。

（二）案例内容、项目范围及项目期限

1.案例内容

A项目资金主要用于资助在B市注册的企事业单位承担的标准化推进项目，这些项目包括技术标准科研项目、标准制修订项目、承担标准化技术委员会项目、标准化示范试点项目、采用国际标准项目等。

2.项目范围

2015年度A项目资金具体涉及280个项目。其中，标准制修订（A类）项目80个，承担标准化技术委员会（B类）项目60个，标准化示范（试点）（C类）项目100个，采用国际标准项目（D类）项目40个。

3.项目期限

A项目资金的期限为2013年7月1日至2015年4月30日获批的项目。

（三）项目资金来源、规模及使用情况

1.项目资金来源与规模

标准化推进专项资金由市财政从2013财政年度开始在预算内安排，总额为11 400万元。2015年B市质监局实际分配的专项资金为3 810万元。历年资金构成见表6-1。本次绩效评价的资金规模为2015年的专项资金支出3 810万元。

表6-1 **B市标准化项目推进专项资金明细表** 单位：万元

类别	2013年	2014年	2015年
国际标准制修订（A类）项目	350.00	100.00	0
国内标准制修订（A类）项目	900.00	1 000.00	1 000.00
行业标准制修订（A类）项目	440.00	200.00	300.00
承担标准化技术委员会（B类）项目	1 000.00	600.00	750.00
标准化示范（试点）（C类）项目	1 600.00	1 000.00	1 600.00
采用国际标准（D类）项目	200.00	200.00	160.00
合计	4 490.00	3 100.00	3 810.00

2.项目资金使用情况

A项目专项资金主要用于支持城市公共服务和管理、服务业、高新技术和战略性新兴产业、现代农业、先进制造业及节能减排和环境保护领域的项目等六大类。在调研中，根据有关单位提供的信息，结合实际情况，在六大类的基础上增加了轻纺织工业项目、承担标委会项目和其他三类。

（四）项目的组织及管理

项目的申报及审批可分为以下五个阶段：

1.指南发布阶段

市质监局向社会公布该年度标准化推进工作的方向和奖励、资助的导向领域，资助方式与额度，申请条件、流程及申报材料的要求等。

2.区县初审阶段

各申报企事业单位按照质监局发布的《标准化推进专项资金项目申请指南》，按照相关程序填写申报表格，提供相关证明资料，并提交所在区县质监部门初审。

3.市局汇总阶段

市质监局对各区县初审项目进行汇总和筛选。

4.专家评审阶段

市质监局组织各项目相关领域的专家对项目进行论证和评审。专家会审通过的奖励资助项目，提交由市财政局、质监局、科委等相关政府主管部门专家及领导组成的

最终裁定委员会进行最终审议，确定项目资助名单及金额。

5.资金拨付阶段

市财政局等相关管理部门根据最终裁定委员会裁定的资助项目名单及金额，向项目申报单位拨付标准化项目资助资金。

（五）项目绩效目标

项目预算单位提出的绩效目标如下：

第一，基本建成适应当地经济和社会发展需要的标准化工作体制，初步形成“政府引导、市场主导、企业主体、社会参与”的标准化工作机制。

第二，培育一批具有自主创新优势的标准化示范企业，增强企业的标准化意识。

第三，采用国际标准和国外先进标准，以主导产业和高新技术产业发展为核心的重点产品采标率达到95%以上，全面促进该市整体产业结构调整和产业能级提升，标准化对该市经济和社会发展的贡献度明显提高。

第四，实质性参与国际标准化组织专业技术委员会活动的能力明显增强，标准化组织专业技术委员会数量明显增加、作用明显增强；参与国家、国际标准化活动取得重大进展。

（六）利益相关方

本次项目涉及的利益相关方包括：

1.市财政局

市财政局是资金拨付单位。

2.市质监局

市质监局是项目统筹、审核、管理单位。

3.区县质监局

区县质监局是项目初审单位。

4.资金相关方

资金相关方是指获得项目资助以及未获得资助的申报单位。

四、实训方法

（一）设定项目量化绩效目标

从预算单位填列的绩效目标（如“良好”“明显提高”“明显增强”）中可以看出，该项目的绩效目标较为宏观，评价时无法进行精确界定。因此，需要将该项目绩效目标量化和细化，确定绩效目标在数量上的标准，并建立该项目绩效评价指标体系。只有明确该项目绩效评价指标与基础数据的联系，才能对项目资金的使用情况进行全面评价。

由于该项目资金主要用于建设不同类别、不同领域的标准，并且对特定领域有所侧重，因此，评价小组在参考项目目标后，结合上一年的资金使用情况，对该项目绩效目标进行了量化。

1.根据资金的增幅，项目的数量要有相应的增加，并且在结构上有所优化，突出在重点领域的投入。

2.针对资金投入项目的不同等级，在数量上确定该项目绩效目标。在本案例中，评价小组通过查阅文件，确定了资助项目的数量：A类项目应达到98～119项，B类项目应达到49～57项，C类项目应达到50～57项，D类项目应达到79～85项。

3.在资助额度上，依据相关文件的规定，专项资金无偿资助的额度不超过项目总投资的60%。其中，承担重要标准制修订项目的资助额度一般不超过100万元，承担标准化技术委员会项目的资助额度一般不超过50万元，承担标准化示范试点项目的资助额度一般不超过30万元，采用国际标准项目的资助额度一般不超过10万元。

（二）建立项目评价指标体系

通过对该项目绩效目标的量化可以看出，本次绩效评价将从如下几个方面对专项资金进行考察：

1.资金增长与项目增长是否匹配；

2.在资助结构上是否突出重点；

3.各类项目的资助数量是否合理；

4.每个项目的资助金额是否符合规定。

在明确考查要点之后，即可设计指标体系，以上内容可通过受资助标准数量、增长率、比例指标进行考查，具体指标见表6-2。

表6-2 **产出指标表**

二级指标	三级指标	评分标准
重点领域申报数量增长率	A类申报数量增长率	有增长得权重分70%，每增长1%再加权重分1%，每降低1%扣权重分1%
	B类申报数量增长率	同上
	C类申报数量增长率	同上
	D类申报数量增长率	同上
获得资助项目数量	A类获得资助数量	完成70项得满分，每低于1%扣权重分1%；超过89项，每超过1%扣权重分1%
	B类获得资助数量	完成35项得满分，每低于1%扣权重分1%；超过40项，每超过1%扣权重分1%
	C类获得资助数量	完成50项得满分，每低于1%扣权重分1%；超过65项，每超过1%扣权重分1%
	D类获得资助数量	完成40项得满分，每低于1%扣权重分1%；超过45项，每超过1%扣权重分1%
重大突破项目增长情况		每增加1项增加1分，最多增加3分
资助“三重”项目比例		100%为满分，每降低1%扣权重分1%

“申报数量”侧重于考查增长，因此在得分设置上，只要有增长即可得70%的权重分。“获得资助的项目”侧重于考查各类受资助项目配比的合理性，因此在合理区间得满分，大于或小于区间值都会扣分。考虑到重大突破项目的实现存在难度及不可预见，以个数统计为主要评分依据。原则上，专项资金应以资助“三重”项目为主，在比例考查上，支持“三重”项目比例以100%为满分。

（三）问卷调查设计

A项目专项资金资助六大领域，每个领域都有“标准制修订项目”“承担标准化技术委员会项目”“标准化示范项目”“采用国际标准项目”四类，结构复杂。如何设计抽样方法，全面、客观地反映受益单位对A项目专项资金的满意度，是需要重视的问题。

评价小组从资助领域、资助类型两方面进行分层，建立矩阵，同时以资金为权重，建立资金分布情况，见表6-3。

表6-3　　　　各领域、各类别资金权重

评价指标	标准制修订项目	采用国际标准项目	承担标委会项目	标准化示范（试点）项目	总计
城市公共服务和管理	7.55%	0.15%	2.7%	7.50%	17.90%
服务业	4.95%	0	1.16%	8.20%	14.31%
高新技术和战略性新兴产业	3.30%	0.30%	1.50%	5.15%	10.25%
节能减排和环境保护	1.30%	0	3.15%	5.36%	9.81%
其他	1.30%	0	0.56%	0	1.86%
先进制造业	14.60%	3.65%	9.60%	5.60%	33.45%
现代农业	2.55%	0	0	9.87%	12.42%
总计	35.55%	4.10%	18.67%	41.68%	100%

在此基础上，对265家企业进行10%的抽样，得到样本数量26家并参照资金权重进行分配，见表6-4。

表6-4　　　　各领域、各类别抽样数　　　　单位：家

评价指标	标准制修订项目	采用国际标准项目	承担标委会项目	标准化示范（试点）项目	总计
城市公共服务和管理	2	0	1	2	5
服务业	1	0	0	2	3
高新技术和战略性新兴产业	1	0	0	1	2
节能减排和环境保护	0	0	1	2	3
其他	1	0	0	0	1
先进制造业	4	1	3	1	9
现代农业	1	0	0	1	2
总计	10	1	5	9	25

同时，应当考虑申报未成功的企业对专项资金的观点，因此对申报未成功的项目，运用简单随机抽样法随机抽取5家单位参与问卷调查。

（四）项目实施与评分

评价小组经过调研取数，得到了项目的基础数据，并对各项指标进行评分，指标及得分情况见表6-5。

表6-5 **指标及得分情况表**

指标	权重	得分	得分率
A.投入管理	15	13.55	90.33%
A1标准化推进专项资金预算管理情况	7	7.00	100%
A11专项资金预算执行率	3	3.00	100%
A12专项资金专款专用率	2	2.00	100%
A13专项资金拨付及时性	2	2.00	100%
A2标准化推进专项资金支持合理性	8	6.55	81.88%
A21专项资金占企业标准化项目建设资金比重合理性	4	3.32	83.00%
A22专项资金安排结构的合理性	4	3.23	80.75%
B.项目管理	18	15.50	86.11%
B1立项情况	6	5.00	83.33%
B11专项资金计划管理情况	2	1.62	81.00%
B12专项资金安排依据的充分性	2	1.60	80.00%
B13标准化推进规划情况	2	1.74	87.00%
B2过程管理	6	5.43	90.50%
B21项目审批程序的合理性	2	1.70	85.00%
B22获得资助项目的信度	2	1.75	87.50%
B23资助额符合资金管理情况	2	1.99	99.50%
B3长效管理	6	5.27	87.83%
B31获得资助项目单位资格符合率	2	2.00	100%
B32项目总结评估情况	2	1.60	80.00%
B33持续的管理制度建设情况	2	1.67	83.50%
C.产出与效果	49	40.54	82.73%
C1产出	24	19.03	79.29%
C11重点领域申报数量增长率	4	2.94	73.50%
C12获得资助项目数量增长率	10	6.09	60.90%
C13重大突破项目增长情况	4	4.00	100%
C14资助“三重”项目比例	6	6.00	100%
C2效果	25	21.51	86.04%
C21资助单位行业影响情况	4	3.53	88.25%
C22 B市标准化建设在全国地位变化情况	4	3.39	84.75%
C23标准化建设对“三重”方向贡献情况	9	7.73	85.89%
C24获得资助的标准化项目推广和应用情况	8	6.85	85.63%
D.社会评价	18	14.56	80.89%
D1获得资助项目单位满意度	9	7.24	80.44%
D2社会满意度	9	7.32	81.33%
D21申请未获得资助单位满意度	4	3.24	81.00%
D22管理层满意度	5	4.09	81.80%
总分	100	84.15	84.15%

（五）根据评分结果进行项目评价

1.分析得分点与扣分点

从该项目整体得分结构来看，除产出类指标得分较低外，其他各项指标得分较高，反映出A项目专项资金的整体使用情况较好；可从得分较高的指标中总结优点，并从扣分点中提炼问题，提出相应的政策建议；指标体系中产出类指标得分较低，反映出A项目的增长情况低于预期，在进行绩效分析时，不仅要看到扣分指标本身，还应从管理和资金安排上对造成该现象的原因进行探讨。

2.总结项目的主要成绩

评价小组总结出如下项目成绩：

（1）专项资金管理规范，项目管理程序规范且较科学，工作机制较严谨。B市质监局根据相关规定制定了严格的项目推进操作流程，具体可分为指南发布、区县初审、市局汇总、专家评审和资金拨付五个阶段。总体来看，专项资金管理流程清晰，工作机制严谨，运作规范。

（2）专项资金安排聚焦重点、效应突出，有力地推动了B市整体产业结构调整和产业能级提升，对B市经济和社会发展的贡献明显。管理层和受资助单位普遍认为，标准化建设对受资助单位在行业的影响力、对B市整体标准化建设在全国地位的提升都有推动作用。

（3）标准化推进专项资金项目得到社会认可，满意度评价总体较高。三类评价主体——获得资助项目单位、申请未获得资助单位和管理层都对项目给予充分肯定。具体来看，获得资助项目单位平均满意度为80.44%，申请未获得资助单位平均满意度为81%，管理层平均满意度为81.8%。

3.反映项目存在的问题

评价小组对该项目存在问题阐述如下：

（1）“分算”资金安排年际差异大，影响了资金分配的公平性。此外，在具体分配中，参与标准制修订项目和承担标委会项目的民营企业和中小企业数量少，不利于A项目资金推进。“分算”一方面加大了工作难度，加重了工作负担；另一方面造成了项目金额年际波动大。受资助项目单位中，国有企业居多。

（2）项目配套服务不够健全。数据采集和社会调查结果显示，标准化推进专项资金项目配套服务还不健全。项目运作过程中的信息公开力度不够，宣传力度较小，项目跟踪指导还不到位，主管部门与申报单位之间、申报单位与申报单位之间缺乏良好的沟通、合作平台。

4.提出建议

针对存在的问题，评价小组提出的建议如下：

（1）围绕纲要目标，继续完善标准化工作机制，强化标准化专项资金的引导作用。具体做法是：分类、分级、分档确定项目资助金额，优化资金分配结构，对国有大型企事业单位以精神激励为主、物质奖励为辅；加大对中小企业标准化工作的资金倾斜；单独设立用于资助重大突破项目的资金，最大限度发挥资金绩效。对资金安排结构做出相应调整，从最大限度发挥资金绩效的角度出发，突出企业的主体作用，强化标准化专项资金的引导作用。

（2）完善项目配套服务，搭建公共服务平台，建立座谈会制度，加强信息公开，增进主管部门与申报单位的交流，强化申报单位之间的合作，推动资源共享。依托网络搭建公共服务平台，分行业、分类别完善各环节的配套服务。

五、实训要求

根据实训资料和实训方法，请回答以下几个问题：

1.假如该项目由你负责绩效评价工作，请问该项目绩效评价属于财政资金绩效评价哪个阶段？财政资金绩效评价包括哪些内容？

2.你认为该项目绩效评价应设计哪些量化指标？设置依据是什么？

3.你认为该项目是如何设计调查问卷的？调查问卷的结论是什么？

4.你认为该项目经过绩效评价后，可梳理出哪些成绩、指出哪些问题和提出哪些建议？

5.你认为该案例的优缺点有哪些？

实训一 A项目专项资金绩效评价案例参考答案

实训二 ××市菜场专项资金绩效跟踪评价案例

一、实验目的

通过本项目实训，达到掌握财政资金绩效跟踪评价基本方法和应用技巧的目的。

二、实训项目

相比于财政资金绩效评价来说，项目财政资金跟踪绩效评价所选取的指标往往要能反映特定时点的项目进度和周期性执行的内容，以便在跟踪期内取数考查。同时，对于未展开的工作内容，则要通过适当的表达方式，体现出项目单位已经实施的准备工作。××市菜场补贴资金作为民生类专项资金，更加注重考查项目补贴资金为稳定菜价所做的贡献。此外，本案例的特点在于，评价小组结合项目单位的日常考评指标与项目自身的特色，设计了既能客观反映项目实施情况又便于取数的指标体系，为该项目专项资金跟踪绩效评价奠定了基础。

三、实训资料

（一）案例背景

为不断优化菜场软硬设施建设，改善购物环境，方便居民购买，满足百姓生活需求，防止因节假日、极端天气等特殊因素的影响使绿叶菜等副食品的供应和价格发生异常，××市设立菜场专项建设资金与绿叶菜保供稳价专项资金（合称为××市菜场专项资金），用于菜场建设和平价菜供应，以促进提升菜场建设管理和服务水平，保障菜品供应和稳定菜价。

（二）案例内容、项目范围及项目期限

1.案例内容

××市菜场专项资金分为菜场建设专项资金及绿叶菜保供稳价专项资金两类。其中，菜场建设专项资金用于菜场菜店经营服务设施的改造和完善，用于扶持与菜场相配套的便利性服务行业；绿叶菜保供稳价专项资金用于“两淡”和“两节”期间实施保供稳价活动的菜场补贴。

2.项目范围

菜场专项资金涉及××市辖区内10家菜场，包括菜场硬件设施及所供应的菜品。

3.项目期限

项目实施期限为2016年1月1日至2016年12月31日，绩效跟踪的期限为2016年1月1日至2016年6月30日。

（三）资金来源与规模及资金使用情况

1.资金来源与规模

××市菜场专项资金由区财政安排预算，每年预算总额1 000万元。其中，菜场建设资金规模为600万元，绿叶菜保供稳价专项资金规模为400万元。

2.资金使用情况

截至跟踪期，菜场建设资金使用45万元，××绿叶菜保供稳价专项资金使用75万元，两笔专项资金共使用120万元。资金使用情况见表7-1。

表7-1 **2016年1月至6月××菜场专项资金使用明细表** 单位：万元

菜场建设资金		绿叶菜保供稳价专项资金	
名称	金额	名称	金额
菜场标准化、食品安全信息追溯等市、区实事项目建设	25.00	保供稳价联展补贴	75.00
其他与菜场建设有关的费用	20.00	—	—
小计	45.00	小计	75.00
总计		120.00	

（四）项目的组织及管理

××市商务委年初结合全区民生工程要求和自身工作计划，就年内需完成的基本任务予以确定，由区委、区政府指定的菜场管理机构A公司予以实施。A公司将商务委确定的项目排入工作计划，项目开展前，向商务委提出申请；项目竣工后，向商务委申请验收（不包括保供稳价项目）。商务委根据项目实际使用资金情况，经讨论后确定补贴资金，从菜场专项资金中支取拨付。

1.菜场建设专项资金拨付流程

（1）申请：相关单位向××市商务委提出申请报告。对于××市菜场标准化建设、购物环境整改装修等工程类项目，申请时需提交相关材料，包括项目申报书，实施方案，项目工程预算，项目施工图纸，营业执照、房屋产权、房屋场地租赁合同等相关材料复印件等。

（2）审核：审批职能科室对相关单位提交的申请资料提出初审意见，初审通过后，报××市商务委分管领导审核。

（3）审批：经××市商务委分管领导审核后的材料报商务委主任审批，金额较大的报分管市长批示，同意后予以立项。

（4）拨付：建设项目竣工后，由××市商务委组织相关部门进行验收，验收合格后，实施单位向××市商务委提供工程决算书和正规凭证等材料，由××市商务委相关职能部门审批后，××市财务部门拨付到实施单位。

2.保供稳价专项资金的具体拨付流程

（1）申请：实施单位应在年初提出书面的活动总体预算方案，包括资金预算等内容，报××市商务委审核备案；活动结束后提供补贴资金申请报告，包括实际优惠品种、数量、金额等明细情况。

（2）审核：每年年初××市商务委在企业书面申请的基础上，结合上年度补贴金额，确定当年度补贴预算，向××市政府常务会议报告。

（3）审批：单笔金额在60万元以内且在预算内的，由××市商务委分管领导初审，再由主任审批；单笔金额在60万元以上或超出财政预算资金的，先由××市商务委审批，再报分管市长批示。

（4）拨付：经审批同意后，按财务相关规定拨付。

（五）项目绩效目标

从具体实施来看，××市菜场专项资金的年度绩效目标如下：

第一，完善各项制度，落实专项资金的管理使用。

第二，完成年内计划，包括以下四点：一是完成计划菜场的标准化建设和二次改造工作，推进社区菜店、菜点标准化建设。二是调整提升指定菜场的社区商业服务功能。三是逐步推进菜价信息和便民服务进社区等区政府实事项目。四是“两节两淡”时期保供稳价。

（六）利益相关方

本项目涉及的利益相关方有：

1.××市财政局

××市财政局负责专项资金的拨付、资金使用合规性的监管及审查。

2.××市商务委

××市商务委负责项目的审批，组织有关单位进行项目实施，展开项目监管及常规性审查。

3.项目实施单位

项目实施单位负责菜场建设的实施和绿叶菜保供稳价等活动的开展（A公司）。

4.受益群体

受益群体包括项目所涉及补贴的菜点、菜店及微利服务性网点，享受菜场便利及受益于菜价稳定的市民。

四、实训方法

（一）分解绩效目标

在分析项目工作内容、项目资金管理及项目实施流程的基础上，评价小组从投入、产出、结果、影响力四个方面对该项目绩效目标进行分解。分解目标内容表现在以下几方面：

1.投入目标

落实项目预算资金到位情况，规范项目管理实施流程，保证专项资金用于市委、市政府实事项目建设和基本菜品的保供稳价工作。

2.产出目标

按时完成年内标准化菜场建设、菜场二次改造计划、追溯体系建设任务和社区商业升级工作，推进菜价信息和便民服务进社区工作，在“两节两淡”期间及时开展相关补贴活动。

3.结果目标

通过××市标准化菜场建设和追溯系统建设，保障菜场平稳运行，实现标准化菜场“购物环境商场化、商品价格大众化、主要商品品牌化、计量器具统一化、菜场设施人性化”的要求；“两节两淡”时期保障供应，稳定菜价，提高利益各方的满意度。

4.影响力目标

有效规划、逐步推进市内菜场、社区菜店、菜点标准化建设工作，加强市场管理考核工作。

（二）建立指标体系并选取跟踪指标

认真对比总体绩效目标与年度绩效目标可知，该项目专项资金涉及与菜场相关者的利益，然而受资金规模所限，每年该项目专项资金的使用方向并不能覆盖所有绩效目标的内容。因此，在建立项目评价指标体系时，可以通过哪些绩效评价指标对绩效总目标进行考察，可以通过哪些绩效评价指标对年度绩效目标进行考察，应有所侧重。评价小组认为，尽管每年该项目专项资金的使用方向、建设内容不同，但其本质是将××市菜场建设得更为完善，保证××市菜场正常有序运行，以提高居民的满意度。因此，在绩效评价指标设置方面，评价小组在产出指标上侧重考察年度绩效目标的完成情况，在效果指标上侧重考察××市菜场总体绩效目标。考虑到本项目为绩效跟踪，在指标设置上，应尽量选择××市菜场日常可监测的内容，以确保数据采集顺利。评价小组设置的部分指标体系及跟踪指标见表7-2。

表7-2 部分指标体系及跟踪指标表

一级指标	二级指标	三级指标	指标目标值	本次跟踪选择的三级指标
投入目标	资金投入管理	资金到位率	100%	资金到位率
	财务管理	资金管理合规性	合规	资金管理合规性
	执行管理	预算执行率	100%	—
		专款专用率	100%	专款专用率
		补贴审批流程规范性	规范	补贴审批流程规范性
产出目标	数量	标准化菜场建设数	2家	标准化菜场建设数
		菜场二次改造数	6家	菜场二次改造数
		社区商业调整数	2家	社区商业调整数
		追溯体系建设完成率	100%	追溯体系建设完成率
		菜价信息进社区完成率	100%	菜价信息进社区完成率
		便民服务开展次数	8次	便民服务开展次数
		菜价补贴执行率	100%	菜价补贴执行率
	质量	稳价政府补贴占比	≥90%	稳价政府补贴占比
		标准化菜场建设验收合格率	100%	—
		菜场二次改造验收合格率	100%	—
	时效	菜价监测上报率	≥90%	菜价监测上报率
结果目标	经济效益	追溯商品信息上传率	≥90%	—
		追溯商品信息打单率	≥80%	—
		补贴菜品菜价	低于全市均价10%	补贴菜品菜价
		指定补贴菜品供应短缺情况	无	指定补贴菜品供应短缺情况
	社会效益	菜场卫生抽查达标率	100%	菜场卫生抽查达标率
		食品安全问题发生情况	无	食品安全问题发生情况
		消费纠纷处理率	100%	消费纠纷处理率
		供应商/补贴直接受益者满意度	90%	—
		市民满意度	90%	—
影响力目标	长效管理	标准化建设推进规划制定	有	—
		市场建设考核周期	半年	市场建设考核周期

（三）绩效跟踪开展

经评价小组调研取数，所得绩效目标跟踪情况见表7-3。

表7-3 **绩效完成情况分析表**

跟踪时段：2016年1月1日至2016年6月30日

类绩效目标	阶段性跟踪指标	目标值	实际值	偏差度	偏差原因分析						完成目标可能性					建议
					费用保障	进度保障	人员保障	硬件条件保障	其他	原因说明	确定能	非常可能	有可能	不太可能	完全不可能	
投入目标	资金到位率	100%	100%	0							√					
	资金管理合规性	合规	合规	0							√					
	专款专用率	100%	100%	0							√					
	补贴审批流程规范性	规范	规范	0							√					
产出目标	标准化菜场建设数	2家	0（处于筹备期）	100%					下半年开展实施	符合计划安排	√					可适当调整进度
	菜场二次改造数	6家	0（处于筹备期）	100%					下半年开展实施	符合计划安排	√					可适当调整进度
	社区商业调整数	2家	0（处于筹备期）	100%					正在推进	协调需要过程		√				继续稳步推进，争取年内完成
	追溯体系建设完成率	100%	0	100%												
	菜价信息进社区完成率	100%	0	100%					下半年开展	符合计划安排	√					无
	便民服务开展次数	8次	4次	4							√					
	菜价补贴执行率	100%	100%	0							√					
	稳价政府补贴占比	≥90%	69.24%	21.76%					指标设置偏高，偏差具有合理性					√		合理设置目标值
	菜价监测上报率	≥90%	96%	0							√					

续表

类绩效目标	阶段性跟踪指标	目标值	实际值	偏差度	偏差原因分析						完成目标可能性					建议
					费用保障	进度保障	人员保障	硬件条件保障	其他	原因说明	确定能	非常可能	有可能	不太可能	完全不可能	
效果目标	补贴菜品菜价	低于全市均价10%	11.84%	0							√					
	指定补贴菜品供应短缺情况	无	无	0							√					
	菜场卫生抽查达标率	90%	100%	0							√					
	消费纠纷处理率	90%	基本达到100%	0							√					
影响力目标	市场建设考核周期	半年	完成	0							√					

项目目标值制定依据：(1) 预算匹配，同向发展，适用于按照时间均衡发展的项目；(2) 计划标准，按照项目计划对比完成度，适用于发展持续稳定的项目；(3) 历史标准，根据历史数据判断相关状态；(4) 行业标准，根据同行业发展的基本水平和规律进行分析；(5) 地区匹配，根据同类地区的平均状态判断发展水平；(6) 其他，根据专家或者业内专业人士的综合判断。

偏差分析：针对与跟踪目标设定产生偏差的目标值，分别从经费保障、制度保障、人员保障、硬件条件保障等方面进行判断和分析，勾选原因并进行说明。

目标完成可能性分析：对应上述设定依据的路径，进行时空延伸分析，分五级综合判断完成的可能性，并依次提出改进建议。

从表7-3可以看出，产出目标中除少数几项已经开展以外，大部分建设内容都尚未展开。因此，在与项目单位沟通时，应侧重了解当前项目进展是否在计划之内，这些项目计划在何时开展、实施周期预计是多久，以判断考察的建设内容是否能够完工。在报告中，对这些指标要由定量判定（通过指标的百分比）转为定性判定（文字描述），侧重描述项目单位的前期准备工作。

（四）根据评分结果进行项目评价

1.绩效分析情况总结

截至2016年6月30日，××市A菜场新建项目尚未启动，预计启动时间为2016年10月，预计完成时间为2016年12月31日。根据A公司的计划，新建菜场能够按照进度完成，但相对而言时间较紧，年底工期压力较大。

二次改造项目截至上半年仅有1家启动，工期安排妥当，能在计划时间内完成。2016年8月评价小组进行取数调研时，项目基本都已完成，仅个别菜场的少许改造部分还在进行中。

相对而言，××市B菜场商业化调整的不确定因素较多，目前正在积极沟通。该项目平稳进行，无明确的完成时间，预计年底前完成的可能性较大。

××市菜价信息进社区预计2016年7月启动，2016年10月底完工。2016年8月评价小组进行取数调研时，已完成其中3个街道，进展顺利，预计能按时完工。

××市菜价补贴活动以便民服务的形式于上半年开展4次，达到预期目标。政府承担补贴的80%左右，具备合理性。菜价信息实时监控、按时汇报。

在效益方面，保供稳价菜价补贴活动期间，区蔬菜价格低于全市均价近12%，达到为百姓减轻菜价波动带来的负担和保障供给的经济效益。菜场管理有效，保障买菜者有较好的购物环境和用户体验。

2.主要经验和做法

（1）资金、项目管理制度健全，操作规范，“一事一议”的管理模式保障了项目的质量。

××市A菜场专项资金具备较为完整的资金、项目管理制度。在实际应用中，严格执行建设内容和流程，保障专项资金使用的规范性。专项管理采用“一事一报一议”的方式，保证资金使用的科学性和有效性。

所涉及的项目在开展前需由实施方提供较为完整的申报材料，并经××市商务委班子讨论研究，项目实施的必要性得到把关，预算金额的合理性得到控制。资金于项目完工验收后才予以拨付，保证了实施单位在项目开展过程中对质量严格把关。

（2）项目开展模式实现了双赢，政府资金起到导向和杠杆作用。

A公司负责归口管理。××市菜市场的改造、设备的添置不仅改善了百姓购菜环境，也提升了管理菜场的综合水平。这种模式达到了保障民生和企业发展多赢的效果。同时，不论是建设类项目还是保供稳价项目，均采取政府、企业“几个一点”的原则，政府部门只承担其中一部分资金，政府资金取得乘数效应，达到平抑菜价、保障供应的作用。区内菜价处于全市各区较低水平，让百姓真正获得了实惠。

3.存在的主要问题

（1）年前申请专项资金时，没有事先制定下一年度项目细化预算。

根据××市菜场专项资金的立项材料和项目预算核定材料可以看出，在2015年向财政申报下一年度预算时，预算单位仅对预算总额进行了申请，没有提供项目细化预算计划。项目明细预算编制工作由××市商务委指导A公司开展，在2016年年初才完成项目细化预算方案。由于预算申报时未予以细化，因而缺乏对项目资金使用的计划性及把握性。

（2）两个专项资金财务上同科目未分级核算，不利于明晰资金使用情况。

××市A菜场专项资金分为菜场建设专项资金600万元和绿叶菜保供稳价专项资金400万元，在实际核算中记入同一个会计科目，未予以分级核算，具体属于哪一笔专项资金需人为区分，从而难以归类，难以反映专项资金的使用情况。

4.改进措施建议

（1）对两个专项资金设置明细科目进行核算，使资金使用情况能清晰地归类。

根据资金管理要求，建议将××市A菜场建设管理和保供稳价两个专项资金列入同一科目并设置明细科目进行核算，便于分清两个专项资金的使用情况。

（2）根据资金和项目实际事先做好明细预算编制工作。

建议在年前申报预算时，根据实施单位编制的项目补贴申请，按照资金管理办法的要求，研究审核并编制年度项目补贴计划，明确补贴项目内容和资金需求，形成明细预算材料，一并报财政立项，作为预算申报的依据。这样做有利于资金合理分配并保证资金使用的计划性，确保资金用足用好。

（3）完善项目资金管理办法，加入制定预算的相关内容。

经××市政府常务会议讨论通过的《××市A菜场建设资金管理暂行办法》已于2013年年底到期，建议结合管理办法的修改，将事先制定预算方案等内容加入到相关条款中，保障预算管理的科学化和精细化。

（五）出具结果应用表

综合各项调研结果及指标评价内容，出具绩效评价结果应用表，见表7-4。

表7-4　**绩效跟踪结果应用表**

<table>
<tr><td>项目名称</td><td>2016年菜场专项资金项目</td><td>项目起止时间</td><td>2016年1月1日—2016年12月31日</td><td>项目跟踪时间</td><td>2016年6月30日</td></tr>
<tr><td>项目主管单位</td><td>××市商务委</td><td>跟踪评价机构</td><td colspan="3">××资产评估机构</td></tr>
<tr><td>项目基本情况</td><td colspan="5">为改善居民买菜环境，保障食品安全质量，稳定菜品价格和供应，××市菜市场相关工作主管部门——××市商务委每年设立菜场专项资金用于“菜篮子”相关的民生工程，包括菜场改造建设、租金补贴、菜场设备添置更新及菜场、菜店、菜点的保供稳价补贴</td></tr>
<tr><td colspan="6">评价机构跟踪结果</td></tr>
<tr><td>1. 项目完成情况</td><td colspan="5">（1）资金使用、项目管理方面完成情况较好。
（2）截至2016年6月30日，A菜场新建项目尚未启动，预计启动时间为2016年10月，预计完成时间为2016年12月31日。根据A公司的计划，新建菜场能够按照进度完成，但相对而言时间较紧，年底工期压力较大。二次改造项目截至上半年仅一家启动，但工期安排妥当，能在计划时间内完成。2016年8月评价小组进行取数调研时，项目基本都已完成，仅个别菜场的个别改造部分正在进行中。B菜场商业化调整相对而言不确定因素较多，目前正在积极沟通，平稳进行，无明确的完成时间，预计年底前有较大可能性完成。
（3）菜价信息进社区预计2016年7月启动，2016年10月底完工。2016年8月评价小组进行取数调研时，已完成其中3个街道，进展顺利，预计能按时完工。菜价补贴活动以便民服务的形式于上半年开展4次，达到预期目标，政府承担其中补贴资金的70%左右，具备合理性。菜价信息实时监控，按时汇报。
（4）效益方面，保供稳价补贴活动期间，区内蔬菜价格低于全市均价11.74%，达到为百姓减轻菜价波动带来的负担和保障供给的经济效益。菜场管理有效，保障了买菜者有较好的购物环境和用户体验</td></tr>
</table>

续表

<table>
<tr><td>项目名称</td><td>2016年菜场专项资金项目</td><td>项目起止时间</td><td>2016年1月1日—2016年12月31日</td><td>项目跟踪时间</td><td>2016年6月30日</td></tr>
<tr><td>2.项目存在的主要问题</td><td colspan="5">（1）2015年申请专项资金时，没有事先制定下一年度项目细化预算。
（2）两个专项资金财务上同科目未分级核算，不利于明晰资金使用情况</td></tr>
<tr><td>3.项目计划偏离的主要体现</td><td colspan="5">在产出指标中，“菜场建设专项资金”项目实施阶段尚未开始，尚处于筹备期</td></tr>
<tr><td>4.完成计划可能性评估结论</td><td colspan="5">依照跟踪阶段的进度及计划，基本确定能够完成计划</td></tr>
<tr><td>5.政策建议</td><td colspan="5">（1）对两个专项资金设置明细科目进行核算，使资金使用情况能清晰地归类。
（2）根据资金和项目实际事先做好明细预算编制工作。
（3）完善项目资金管理办法，加入制定预算的相关内容</td></tr>
<tr><td>6.听取预算部门意见</td><td colspan="5"></td></tr>
<tr><td colspan="6">7.财政部门综合意见

主管部门盖章：　　　　日期：</td></tr>
<tr><td colspan="6">项目单位整改措施</td></tr>
<tr><td>1.整改措施</td><td colspan="5"></td></tr>
<tr><td>2.整改起止时间</td><td colspan="5"></td></tr>
<tr><td colspan="6">项目单位盖章：　　　　日期：</td></tr>
</table>

五、实训要求

根据实训资料和实训方法，请回答以下几个问题：

1.假如该项目由你负责进行绩效评价，请问该项目绩效评价属于哪个阶段？该项目绩效评价包括哪些内容？

2.你认为应如何应用该项目跟踪绩效评价结果？

3.你认为该项目绩效跟踪评价案例存在哪些主要问题？为什么？

4.你认为该项目绩效跟踪评价有哪些亮点？为什么？

实训二 ××市菜场专项资金绩效跟踪评价案例参考答案